ば

河合隼雄　鷲田清一

朝日文庫

本書は二〇〇三年二月、阪急コミュニケーションズより刊行されたものです。

臨床とことば　目次

臨床心理学と臨床哲学――河合隼雄

聴くことの重さ――河合隼雄×鷲田清一

臨床心理学と臨床哲学

河合隼雄

臨床の知

臨床心理学も現在はブームのようにもなっているが、一九五二（昭和二十七）年に大学を卒業して、高校教師をしながら私がそれを学ぼうとした頃は、まったくお寒い状況であった。心理学と言えば「実験心理学」であり、臨床心理学を専攻しようというのは、よほどの変わり者と見なされていた。そんなものは「科学ではない」「学問ではない」という非難は常に浴びせられた。「そんなことをしていると、うだつがあがらない」と忠告する人もあった。

他人がどう言おうと、私にとっては何よりも大切なことは、一人の高校教師として生徒たちに少しでも役立つことをしたい、ということであった。いろいろと相談をもちかけてくる生徒たちに役立つことをするためには、臨床心理学を学ぶより仕方がないし、それは私にとっては結構面白いのである。結局その果てはアメリカやスイスにまで留学することになったが、私自身がもともと科学好きで、数学を専攻したりしたほどであるから、自分のしていることは、「科学であるか」ということが、常に考えるべき課題としてあった。

科学を非常に大切に思い、科学ではないということは即ち信用できない、と思うほどであったが、それはそれとして、ともかく相談に来た人に対して実際に役立つことをしたい、役立たないことをしても仕方ない、という「現場感覚」のようなものがあり、いろいろと迷いながらも、自分の感じるところを大切にして臨床の仕事を続けてきた。

そのうち、生身《なまみ》の人間を相手にして、現実に生きる問題について共に考えてゆくことは、「近代科学」とは異なる方法をとらざるを得ず、それが科学でないからと言って、間違いとか駄目というのではない、という考えがだんだんと明確になってきた。ただ、これを他人に伝えるときに、どのように言うかについて悩んでいるときに、哲学者の中村雄二郎さんによる『臨床の知とは何か』(岩波新書)が大きい助けとなった。

世界を自分から切り離して観察し研究する近代科学による知に対して、人間はどうしても自分との関連において、あるいは、自分をも入れこんだものとして世界をいかに観るかということが必要である。後者が「臨床の知」にかかわってくる。そうなると、世界の個々のことを一義的に定めることはできず、極めて多層的、多義的になってくる。したがって、概念化して考えることよりも、いかにそれとかかわるのか、何をするのか、ということが大切になってくる。これらのことを、中村雄二郎さんは極めて明快に、筋道を立てて論じ、「臨床の知」の有用性を示してくれている。

これに力を得て、私も「臨床心理学」を、ひとつの学問として大学で教え、研究することができるようになった。そのようなときに、鷲田清一さんの「臨床哲学」が出現してきた。これも私にとって実に嬉しく有難いことであった。

「臨床の知」は、まだまだアカデミックな世界では認められ難いところがある。そんなときに、「臨床哲学」を名乗る哲学者が現れたのだから、私としては強力な援軍が出現したと思ったのである。実は、臨床教育学というのは私が言い出したのだが、臨床経済学とか、「臨床」を冠した学問が出てきつつあるが、何しろ、諸学の基礎とも言うべき哲学の領域において、それが生じてきた。これはまさに歓迎すべきことである。

その上、鷲田さんの「臨床哲学」は、その中心に「聴くこと」が据えられている。

これも、私としては、大変嬉しいことだ。何しろ、私は「臨床心理学」の根本に「聴くこと」があると、かねがね主張してきたところである。これはどうしても、「聴くこと」について鷲田さんと話し合ってみたいと思った。

聴くこと

昔から、「読み、書き、そろばん」ということばがあって、人間にとって極めて必要なこととして考えられている。確かにこれらの三つのことを身につけていないと十分な社会生活はおくれない。また、これらの能力をどんどんと伸ばしてゆくことは、社会のなかで活躍してゆくために役立つのである。

それでは「聴く」ことはどうなっているのだろう。それについて考えてみる前に、私のカウンセラー、または心理療法家としての経験に照らして考えてみるとどうなるだろうか。われわれもこの仕事をはじめた頃は、忠告したり助言したりしたものだったが、それらがいかに「正しい」ことであっても、それと共に、クライアントのことばに耳を傾けて聴くことが有効であることを身をもって体験してきた。

初期の頃は、カウンセラーである自分自身も不思議に感じるほどのことだった。

母親が支配的で、いつも自分を監視している、などとさんざん母親の悪口を言う中学生のことばに耳を傾けていると、数回もすると言うことが少しずつ変化してくる。「ボクも一人っ子やしな」などと独白めいたことを言ったり、「お母さんも……無理ないとこもある」と言ったりする。そして、「変やな、お母さんこの頃変わってきた。前ほどガミガミ言わなくなった」というところまで変化する。このような中学生で、母親が変わってきたと言った後で、「いや、変わってきたのはボクかな」とつぶやいた子もいた。

非常に面白かったのは、ある母親が、「ほんとうに、何もかもよい方に変わりました。有難うございます」と礼を言った後で、「先生のお蔭でと言いたいのですが、お蔭とは思えません」と言ったことであった。「お蔭さまで」と言いたいのだが、「先生は何もしてくれなかった」と言うのである。もっとも話し合っているうちに、「あれだけ黙って聴いて下さったのは、有難いことです」ということにはなったが、「聴く」ことが「何もしない」ことと感じられるという事実は、注目に値する。「聴く」ことの威力を、常に体験するにつれて、自分ではその意義がよくわかるのだが、それを他人に説明するのはなかなか難しい。前記の例が示すように、それは「何もしない」のと同等とさえ思われるのだ。しかし、考えてみるとこれも無理ないことである。というのは、「読み、書き、そろばん」の能力は、相当確実に他人がテストをすることができる。しかし、「聴く」能力をテストすることができるだろうか。これはずいぶん難しい。不可能と言っていいだろう。現代社会においては、下手をすると、「計測不能」なものは、すなわち「存在しない」という烙印《らくいん》を押されそうなのである。

心理療法を実際に行っている者の間では「聴く」ことの重要性はよく認識されるようになった。角力《すもう》では「押し」が基本であり、「押さば押せ、引かば押せ」と「押し」に徹することを教えるようだが、それをもじって、大学院生に対して、「話さば聴け、話さなくとも聴け」と言ったこともある。相手が沈黙していても、沈黙の背後にあることばを聴こうとするほどの態度が必要だということである。

このように実践を通じてわかってはいるのだが、それを他領域の人たちに説明するのは、あんがい難しいと思っているとき、「臨床哲学」を標榜する鷲田清一さんが、「聴く」ことの意義について、哲学者の立場から論じられた。これは、われわれ心理療法家にとって非常に有難いことであった。というわけで、本書のような対談の機会も、私にとっては渡りに船という感じであった。

言語とイメージ

「聴く」という態度で接すると、相手の人の心が自由にはたらきはじめる。無意識内の心のはたらきが活性化されると言っていいだろう。そこで、その人はそれを何とか言語にして話しはじめる。それを聴く側としては、それに応答してゆくのだが、それが下手をすると、相手の心のはたらきをとめてしまうことになる。

たとえば、クライアントが「私は田舎の生まれなのです」と言ったとき、「それじゃ、自然に恵まれていたのですね」などと言ってしまう。クライアントの心は「田舎」ということから、いかに不便な暮らしをしたかについて話すつもりだったのに、まったく異なる方向づけをされて、心の流れがとまってしまう。カウンセラーのもっている固定観念が、知らぬ間に作用してくるのである。そんな先走った応答をやめて、相手の言うのについてゆこうと思っていても、たとえば、「田舎の生まれなのですね」と相手の言うままを繰り返してそれ以上何も言わないようにしていても、本書のなかでも話し合っているように、「田舎の生まれ」ということを「摑《つか》んでしまう」ような聞き方をされると、相手は自由に動けなくなってしまう。

本書のなかで、鷲田さんは「ことばをほぐす」と表現しているが、確かにカタイことばは、「聴く」態度を壊してしまう。哲学者のことばを使わないようにするとのことだが、これは臨床心理学においても当然である。専門語を使わずに、話し合いをすることができなくてはならない。それでは、そもそも専門語など不必要ではないかと思われるが、そうではない。やはり、心について客観視してみたり体系化してみたり、どこかに焦点を当ててみたりすることは必要で、そのために専門用語は必要になってくる。それを自分の身につけてはいるのだが、一人の生身の人間を相手とするときは、それらのことばをほぐしてしまって向き合うことが大切である。

無意識が活性化されると、それは言語として把握されるよりも、イメージとして把握されることが多い。言語以前の表現である。それらは夢のイメージとして意識化されるが、覚醒しているときも、絵画、箱庭、粘土細工などの非言語的な表現によって示されることがある。このような場合も、まず大切なのは治療者の態度であ る。治療者がほんとうに耳を傾けて何であれ聴く態度をもっているので、クライアントも「語る」ことになるように、非言語的表現の場合でも、それを受けとめる治療者の在り方が極めて重要なのである。

「箱庭療法」というのだから、ともかく箱庭をつくらせておけばよい、というのではない。その場に立会っている者の在り様によって、表現は変化し、その意味も異なってくる。このことは非常に大切なことだが、あんがい理解されていない。

次に、イメージの表現をどう「解釈」するかということも困難な課題である。箱庭療法の場合でも、最初は作品をどのように「解釈」し、それをクライアントに伝えるかを考えたが、そのうちにわかってきたことは、たとえそれが「正しい」解釈であっても、それを言語化することによって、無意識的な心の流れをとめてしまう、ということであった。つまり、箱庭の表現は一回で完結ということはまずあり得ない。そこにひとつの過程（プロセス）が生じてきて、何回かにわたり表現が行われる、と考えられるのである。したがって、そのプロセスの進行中は、それを「見守る」ことが大切で、言語化によって流れをとめぬようにするべきなのである。

解釈をしないから、治療者はただ傍観しておればよい、というのではない。そのプロセスを理解しつつ見守っていないと、やはり、それは進展してゆかない。そのような意味で、治療者は外的には何もしていないのだが、そこに表現される箱庭は、治療者とクライアントの合作とさえ感じられるのである。これは、両者の間で非言語的な「対話」が行われているとも言える関係で、この点については今後もっと研究する方法を考えてゆくべきであろう。

さまざまの距離

本書では鷲田さんと、人と人との間の「距離」について話し合っている。このことは、今後もう少し組織的、体系的に考えてゆかねばならぬことと思っている。あらゆる「臨床」という学問において大切になってくることで、それは人と人との間のみならず、人とある現象の距離の在り方として、考えておく必要があると思う。対談の中に述べたように、近代科学では、人間を対象から切り離すことが前提となっているのに対して、「臨床の知」の場合は、人間と対象との関係の存在を前提としている。となると、人間と対象との距離ということがずいぶん大切になってくるのである。

たとえば、ある少年が家出をし、非行グループに入っていたが窃盗《せっとう》でつかまって、私が会うとする。私が聴く態度で接していると、彼は自分の父親が酒ばかり飲んで、自分のことを何も構ってくれなかったと訴える。そのときに、どんな応答があるだろう。

1.「それで、お父さんはどんな職業？」
2.「大変なお父さんだけど、お母さんはどうだったの？」
3.「ずいぶん辛《つら》かったね」
4.「悪いお父さんだね」
5.「そんなお父さんなら、君が非行に走るのも当然と思うよ」

考えるといくらでもある。「ハァ……」と言うだけ、という応答もある。1.の応答は普通の人のよくするもので、話を聴きながら、困った父親だと思いつつ、いったいどんな職業の人なんだろうと疑問に思う。このときは、少年の述べた内容について考えているのだが、少年の気持ちからはだいぶ距離がある。2.は、お父さんは駄目だが、ひょっとしてお母さんには何らかの希望が見出せるかもしれぬ、と考えての応答で、少年のことを考えているのは事実だが、1.と同様に少年の気持ちとは距離がある。3.は、その点で言うと、ズバリと少年の気持ちに接していて、距離は近い。4.は少年の気持ちに接しているが、「父親が悪い」という判断を示して、おそらく少年も同感だろうと思われるので距離はもっと近くなる。5.も同様のことである。少年は距離が近いと感じるだろう。

このような応答のなかで、4.や5.のように近づきすぎると、少年は依存したい気持ちを強くもったり、自分の気持ちを肯定されたのだから、とそれをもっと強調したくなるだろう。つまり4.の場合だと、「先生、お父さんに何か言ってやって下さい」と言うかもしれぬし、5.の場合だと、「僕は悪くはない。悪いのはお父さんだ」と父親への怒りや憎しみを出すことに焦点が移って、自分の責任は無視してしまうかもしれない。

たとえば5.の応答の次に少年が、「先生、僕は家に帰りたくありません」と言う。それは帰りたくないだろうと同情すると、「先生、今日はここに泊らせて下さい」ということになるときもある。あまりにも距離が近づきすぎで、こちらもあわてて、「そんなことできないよ」という言い方が、突き放したような言い方になると、少年は「見棄てられた」と思うかもしれない。「お父さんと同じだ。誰も僕を嫌がっている」と思うかもしれないが、そうなると、ことばにはせず心のなかで思うだけで、もう二度とは来ないだろう。

ほんの少しの言い方、態度で二人の人間の距離は近くなったり遠くなったりする。そして、常に一定の距離を保つのがよい、などということもなく、遠くなったり近くなったりしつつ、進んでゆくのだが、治療者はその「距離」を相当に意識していないといけないないし、必要に応じて変えることも大切である。

このような距離は、簡単に計測できるものではないし、一般化して述べることも困難なことである。しかし、臨床の実際においては極めて大切なことである。したがって、臨床場面においては、その場その場で判断しつつ応答して、それがだいたい思っているように展開してゆくのだが、特に若い人の研修などをするときに、ある程度体系化して教えられないものか、と思う。

距離と言えば、対人距離のみではなく、一人の個人内における、心と体、思考と感情などの関係とその距離などということも考えてみるべきだろう。そして、それらはどのように表現され、どのように感じられるかなど、重要なことと思われる。しかし、これらのことについてもあまり研究されたり、検討されたりはしていないようである。

対話の必要性

今回は、臨床心理と臨床哲学の「対話」ということで、このような対話を試みた。これは私にとって非常に有意義なことであった。やはり、臨床の日常の仕事で忙しいと、個々のケースについて考えるとしても、なかなか一般化したり、客観化したりして考えにくいし、もう一歩つっこむべきところを、ついやめてしまうことが多い。そんな点で、哲学者との対話は、考えることを促進されたり、平素は考えもしなかったことに疑問を感じたりするところがいいのである。

臨床心理学は、現実に生きている人間を対象にする。ということは、そう言っている自分自身も生きている人間なのだから、完全に明確なことなどわかるはずがない。このことをよく自覚している必要がある。何と言っても直接に人に接するのだから、そのときのわれわれの態度によって、クライアントの人生も変化するということをよく心に留めて行動しなくてはならない。かと言って、セラピストが常に受動的でいるのでは、クライアントはまったく頼りないと思ってしまうであろう。臨床家であることは、常に人間を知るための研鑽に努めねばならないのだ。

したがって、臨床心理学を学ぶためには、人間に関する知識を深くもつ必要がある。しかし、ここには大きいジレンマが存在する。臨床の根本はクライアントにお会いすることなので、このために相当な時間とエネルギーを必要とする。とすると、読書のための時間が少なくなるのだ。臨床の現場で生じる問題を哲学的に思索し解明することは、重要なことであるが、下手をすると、そのための読書と思索の方に時間をとられ、臨床の実践がおろそかになる。このようなジレンマは実に大きい。しかし、臨床家としては、そのバランスを保つように努力し工夫すべきである。

その点で、私は今回の鷲田さんとの対談のように、対話を通じて学ぶことが実に多かったと、有難く思っている。哲学者、それにいろいろな分野の芸術家、あるいは、スポーツマン。やはり一流に達した人には学ぶことや考えさせられることが多い。私にとっては、それらの一言一言が、何らかの意味で日々の臨床の実践につながるものと感じられた。そこでお聞きした一言を、心理療法の研修のときに引用させていただくこともよくある。それらはまさに「臨床の知」に満ちている。それらを集めて、「臨床心理のための一日一言」をつくることもできるほどである。対談はわれわれの日々の臨床と同じく、一発勝負である。何が出てくるかわからないという緊張感もある。一対一で話し合うことは、心理臨床の基本である。そんな点でも対談の経験は実際的にも臨床に役立っているようである。もちろん、両者にはいろいろと相異点もあるが。

これからも、このような対談を続けてゆきたいと願っているが、そのためには自分の臨床経験をますます深めてゆかねばならない、と思っている。

聴くことの重さ

河合隼雄×鷲田清一

臨床哲学事始め

河合――鷲田さんが「臨床哲学」というのを唱えるようになって、すごく喜んでいるんですよ。

鷲田――はじめて先生と立ち話させていただいたとき、開口一番「特許料くれよ」と言われました（笑）。

河合――で、いつ払ってくれはるの（笑）？

でも、「臨床哲学」と言った人はないでしょう。そんなことないですか。

鷲田――アメリカでは医師のための哲学をこういうんです。日本では木村敏さんが八〇年代に、精神科医には哲学的思考がいるという意味で、臨床哲学ということをおっしゃっています。それから九〇年代後半に養老孟司さんが『臨床哲学』（哲学書房）という本を出されました。養老さんは解剖学者としての視点から社会や世相を論考されたときに、そういう題をつけられた。だからいろいろバージョンがありまして。しかしそれをグループ活動としてやりはじめたのは、私たちになりますか。

河合——養老さんはまさに臨床哲学として書かれましたよね。しかし鷲田さんの『「聴く」ことの力』(TBSブリタニカ)も、臨床哲学ですよね。

鷲田——臨床という概念……。そういう名称がよいのかどうか、ものすごく迷ったんです。でも、考えたら、哲学の父祖と言われているソクラテスは何も書物を残していないわけですし、本を読んでものを考えたんではないですよね。

河合——会話ですね。

鷲田——若いの、偉そうなのを手当たり次第つかまえて、質問ばかりして。

河合——臨床ですね。

鷲田——だから哲学は最初から臨床的だったと、そういう理由付けで自分を奮い立たせて。

河合——それは面白いですね。

鷲田——哲学は本来ダイアローグなのに、知らない間にモノローグになってしまった。リフレクション(反省)です。

河合——心の中のダイアローグになったんですね。

鷲田——自分とのダイアローグ、あるいは書物とのダイアローグ。でも哲学って、もっとクリニカル（臨床的）なかたちがあったんだからと。

河合——それは現代的な意義がある。現代にそれを復活させなきゃならない。もういっぺん、対話としての哲学を。

鷲田——私は哲学の中でも倫理学を中心にやってきたんですけど、今大はやりなものに応用倫理学というのがあるんですね。生命倫理とか、環境倫理とか、情報倫理とか、ビジネス倫理とか。現場で発生しているさまざまな問題に対して、哲学ではこう考えると、哲学あるいは倫理学での議論を応用するかたちでやってきたものです。たとえば医療、看護、教育など、現場の問題に対して、外からこう考えたらどうかという提案をするんですが、何かちょっと違うのではないかと。それが臨床哲学ということを言い出した背景にあるんです。

河合——そうですね。

鷲田——それから現場で問題を感じていらっしゃる方が「こういう問題なんです」とおっしゃったときに、「それはこう考えたらどうですか」と、せっかくたどたどしく表れていることばを横から先取りしてしまうんじゃなく、哲学者の名前や理論をいっさい言わずに、そこで一緒にどういうことなのかをぐずぐず考えながらやっています。

河合――それが哲学するということでしょう。僕はそう思っているんですけどね。哲学する前に、哲学学があまりにもすごいのができてきたから、皆哲学することが下手になってきて。

鷲田――先生がユング派の心理学を日本という場でするとはどういうことかを考えられたことと、遅まきながら響き合うことかと思うんですけど、戦前に東北大学にカール・レーヴィットというドイツの有名な哲学者が亡命してきて、五年間教鞭をとっていたんです。その人が当時の日本の哲学者との関わりを振り返って、面白い文章を書いているんです。日本の哲学者というのは、論文書くと、戦時中ということもあるんですが、最後に必ずヨーロッパの限界について書く。読んでくれと言いながら、ヨーロッパの限界について書いてくる。しかも論じ方までがヨーロッパ的で（笑）。そんな感じで、日本の哲学者は奇妙で、一階に住んで人々と同じふるまいをしているのに、哲学するときだけ二階に上がってくる。二階に上がると、ヨーロッパの哲学教室があって、音楽教室のように哲学者の絵とか写真が吊るしてあって、それを見ていろいろしゃべって。で、ふっと見たときには、もう階段は外してあって、降りられなくなってるって。

日本の哲学研究者は哲学という批判的思考をとおして自分の生活、自分の文化を吟味するということをしていない。つまり、一階と二階を全然行き来できないということだったんですけど、これは今でも克服されてないような気がする……。

河合——そうですね。

鷲田——ヨーロッパの人は哲学するときに、難しいことばじゃなくて、日常のことばでやってるんですね。「自我」なんてことばはない。ただの「私」でやってる。自我なんて訳すから、自我って死ぬんだろうかとか、自我って歩くんだろうかとか、変な話になっていくんですけど、ヨーロッパでは哲学の面白さはことばの難しさじゃない。普段のことばは、いろんな意味を組み込んで多義的なまま曖昧に使っていますが、それを、もう一度きっちり定義して、理屈だけで正確に論理を辿るということ。執拗なまでに精密な推論、それがしんどいんですよね。

河合——うん、そうそう。

鷲田——だから大学行かなくたって哲学の本を読むことはできるし、友人のデザイナーは全然大学なんて出てないけど、愛読書はレヴィナスだなんて言ったりする。日本では哲学書を開くと、お経に近いものに見える。知らないことばが並んで、ここで書いてることと、自分が生きてることと、どう関係があるんだろういうところで、まず引いてしまう。日本語で哲学することって、まだ実感としてわからない。

河合——本当にそう思いますね。日本の学者というものはね。

鷲田——哲学のほうは日本は相当レベルが高く、ヨーロッパに負けないくらいですけどね。本当にヨーロッパの哲学の精神を一人ひとりの市民がやるのは、やっと今これからだと思うんです。

河合——今までだったら、哲学科に入ったから哲学しようとすると、ぼろかすに言われるよね。そんなの書くもんじゃないと。そういうところで悩んで出てきた人もいるし。

鷲田——そうなんです。求めるものが強くある人ほど大学やめたケースが多い。われわれの友人にも、います。

河合——それで「臨床哲学」ですが、一緒にやろうという人は出てきているんですか。

鷲田——はい。同僚も最初は戸惑い気味でしたけど、今は私より熱心になっていたり。われわれはディスカッションするとき、市民の方がいるときでも、ルールの一つとして、えらい哲学者の名前出して、おどしをかけるようなかたちでしゃべるのだけはやめようということでやってます。理論のことは、自分で勉強はしてもディスカッションの席ではいっさい言わない。

河合――「私」のかわりに「わしら」以外に使わないとか（笑）。

鷲田――哲学者って、この十年二十年、ものすごく自信を失ったでしょう。六〇年代ぐらいは、哲学者ってかっこよくて、新しいパラダイムもたくさん入って来てるという感じで、実際哲学に転向する人も多かったんですけど、今は哲学者は何ができるのかというところで、突然世の中からニーズがいっぱい出てきましてね。環境の問題とか生命の問題とか。だからかえって戸惑っているところがある。看護の方とか、学校の現場の方とかで、哲学をやらないとにっちもさっちもいかない人が、私たちの応援団みたいになって、それで救われているようなところがありますね。看護師さんは熱心で、東京から週一回大阪大学へ、日帰りで授業に来ていらっしゃる社会人の方もいらして、それで逆に熱が感染して、今は東京の看護大学の若い先生方に出前授業をしています。すごく求めてくださる。ここで何もできなかったら、日本で哲学もうだめだから。

河合――いいお話ね。

ことばを摑《つか》んでしまう

鷲田――先生の前で言うのもなんですけど、臨床というのはこんなに時間がかかるものかと……。

河合――時間とエネルギーと、こんなにかかるものはないでしょうね。

鷲田――前に『「聴く」ことの力』に書きましたけど、聴くということが……。

河合――辛《つら》い。

鷲田――辛いというより、しゃべるよりはるかにエネルギーがいる。

河合――それはものすごいエネルギーが要ります、本格的に聴くというのはね。上の空で聴くのは簡単ですけどね。

鷲田――でもたまに上の空で聴くということも。

河合――そうですね、それも必要ですけど。その辺の表現は難しいんだけど、意識的に聴くのはよくないんですよ。一言一言に意識的に関わっていくのは、これはだめなんです。もっと、ぼやーっと聴かないと。はじめは一言一言に、「あ、この人は親子の問題を抱えている」とかそういうふうに考えるんだけど、それはだめなんです。

鷲田――私はそこまで聴けてないですね。今までの対談なんかでも、相手の方がしゃべられてるとき、この次どうしゃべろうかと考えると、聴けてない。ゲラが出てくると、あれ、この人こんなことしゃべってたのか、なんてドキッとすることありますけれども。かといって、受け止めすぎると、受け止めてること自体が相手に反射して、相手の人のことばがせっかく漏れてきたのに、また意識過剰にしてしまう。

河合――そうなんです。受けてるというより、それは、摑むんですね。そうすると向こうは動けなくなってしまう。受けてるというのは、ふわーっと受けてるわけだから、向こうはどこへも動けるんだけど。どうしても最初のうちは一生懸命やるから、ことばを摑んでしまうわけです。

鷲田――ああ、そうですね。

河合――ふわーっと聴くというのは、修練がいる。スポーツと一緒で、相当の修練を経ないとできない、しかし修練すればできることだ、と言ってるんですけどね。

鷲田——スポーツ選手って本当にきれいなフォームですよね。

河合——はじめは聴くことばっかりずーっとやる。だから、考えるのはもっとあとです。

鷲田——私が「聴く」なんていうことを考え出したのは、やはり聴きたかったんです。先生もそうですけど、大学で授業もなさっていますね。大学の講義というのは、人間のコミュニケーションのなかでいちばん病理的なかたちをしている。

河合——あれ、コミュニケーションと違うんです。

鷲田——たとえば喫茶店で、誰かと向き合って一方だけが一時間半しゃべってなんてことはありえない。教師というのは、自分を病気になりやすくする職業かもしれません……。

河合——特に大学はね。自分だけだったらいいんですけど、学生まで病気につき合わせてね。

鷲田——だからこうやってコミュニケーションというか、会話しているときでも、つい、相手から漏れてくることばが待てなくって、先に、これはこういうことなんじゃないの、とか、解釈してしまう。迎えに行くということばでは言えなくて、先にじれったくなって。

河合——やはり摑むんですよ。

鷲田——摑むことで聴けなくなってしまう。そういう自分の習性は、個人生活でも聴けないことで恨みをかったこともありますし、自戒の意味もあって聴くということを考えてみたんです。

先生でも、聴けない、なんて思われたことはあるんですか。

河合——それは、やはり長い修練を経てやっとなくなってきたんです。はじめは相手のことばにしがみついていたりしたし。長く長くやってきたから、ふわーっと聴けるんですけど。それは本当に長い修練ですね。はじめのうちは、聴くより先に言いたくなっちゃう。

鷲田——やはりそうですか。

河合——学生によく実習させるんですよ。すごく面白いんですよ。実習なので本当のクライアントでやるわけいかないから、クライアントと治療者のロールプレイをやるわけです。クライアント役が「寝れへんのですけど」と言ったら、治療者は「お父さんの職業は何ですか」って（笑）。そんなこと何も言うてないけど、すぐそういうことを言い出すんです。

鷲田——修練と言っても、すごく大変だろうと想像するんですが、以前「傾聴」のトレーニングをしている方のお話をうかがったとき、やはり相手からことばが漏れてこないで、沈黙に耐えきれないで、ついその沈黙を破ることばを入れますけど、それはしてはいけないと言われまして。どうするんですかと聞いたら、ワンクッションおいて「今何考えてました?」って、ぽつりと訊いたらいい、と。なるほど、臨床の先生はすごいなあと思ったんですけど、それがメソッドになってしまったらだめで。

河合——だめですね。

鷲田——「今何考えてました?」と言っても、かえって見透かされて。

河合——そう、それは訊かれたほうは非常に腹立つでしょうね。相手によって違いますしね。ただ、大まかに言えば、相手が出してくれた世界の、そこから私は勝手に出ない、と思っていたらいい。たとえば相手が「僕は高校生です」と言うでしょ。だまって聴いてるふりしながら、心の中ではしゃべること考えてる。それはだめで、そこに生きていないとだめ。生きてるいうことは、やっぱりちょっともの言わんと、生きてられない。そのときに、向こうの提示した世界の外のことは言わない。「いやあ、高校生でしたなあ」とか言うてるわけ。「そうなんですよ、高校が嫌いで」言うたら、また入れるでしょう。難しい子は、「高校生ですね」「はい」で終わる。続かへんのです。そのときに「なかなか学校に行けなくてねえ」と引きうける。それは本来向こうが言うことでしょう。僕らのことばは、どっちが言うてるのかわからないようなことばになってる。あなたは学校行ってないんですね、じゃなくて、いやあ、学校行けへんなあ、みたいな。そうするとだんだんそういう世界に入ってくるから、ふっとものを言いたくなるんですね。言ってくれたら、それに付いて行けばいい。でも、そこまでがなかなかできないんです。外からものを言うのは楽でしょう。「学校行けないのはいつからですか」とかね。「もう二年ですか。長いですなあ。そろそろ行ったらどうですか」なんて、向こうが言うてないのに、こっちがどんどん言ってしまうわけですよ。

鷲田――そういうクライアントの世界の外に出ないということで、クライアントが逆に、自分の意志を幽閉しているところからポロッと出る機会を与えられるというわけですか。

河合――そうそう、一緒に言うわけだから、相手も出やすいわね。パッと出たら、また付いて行けばいい。そうやって世界は広がっていくわけですよ。

鷲田――ああ、それでわかりました。ある介護施設の方が、昔学者だった認知症の方が「講義に行くから」と言うので、「何時からですか、授業は」と合わせた。相手の方のその世界に入って言うから、相手の方も「いえ、もう退職してます」と言う。

河合――そうなんです。こっちから入っていくと、相手は外から見ることができるわけですから。客観化できるわけですよね。だから「いや、そんなんじゃないんですよ」と言える。

鷲田――すごい、妙な世界。

河合――これもよく言う例ですけど、高校生の難しい子がいましてね、なかなか上手に話ができないんですよ。すぐ黙ってしまって。ほとんど会話がなくて、これは僕の力ではだめや、思うてね。心に届いてないように思って、不安になって「来週来られますか」とたずねたら、にこっとして「はい」と言うんですよ。じゃあお待ちしてますと言って帰したら、お母さんから電話があって、ずっと学校行ってなくて、ものすごう沈んだ顔してましたけど、今日は明るい顔をして帰ってきました、って。お母さんはびっくりして、「あんた今日どんな人に会ってきたん?」と聞いたら、「すっごいいい人に会った。高校生の気持ちをあんなにわかる人はいない」って。内容的には何も言ってないんですよ。でも本人の中ではそういう体験をしている。高校生でうまくことばにできないから、「この人は下手に心の中に侵入してこない」というふうには言えないからね、わかってもろたと言ってる。別にわかったわけじゃないんですけどね。それが通じているいうことが、ものすごく面白い。

鷲田——通じてるということ自体、どうしてわかるんですか。

河合——そういう人こそ、すごく勘が鋭いんですよ。たとえば、腰が痛かったら、立ち上がるという動作がすごくよくわかるでしょう。どんなに腰を使ってるかということが。腰が痛くなかったらわからないですよね。それと同じことで、痛みのある人はすごい鋭敏にわかるんですよね。それがまたわれわれの一つの安心感なんです。通じるはずだというのがあるから、こっちもやってられる。

鷲田——感情移入とか、気持ちが伝染するとか共鳴するとか共感するとか言いますけど、それはことばの問題なんですか、それとも身体の問題？

河合——ことばのレベルはもう超えてますね。高校生で、学校に行ってないことぐらいしかしゃべってないですから。それ以上何も言ってませんから。僕は苦しいですとは絶対言わないですからね、そんな子は。だから、僕が学校に行かない苦しみをわかってくれたなんて言えるはずがない。だけどその人の体験としては、ものすごくよくわかる人に会うてきたと思ってるわけ。それは言語表現以前のコミュニケーションとか、関係とかと言わざるをえないんじゃないでしょうか。僕らにとってはそれはすごい大事だと思います。

鷲田——他人のことが本当にわかるのかとか、他人は自分と異なる人であるとわかるのかとか、哲学の議論ではいっぱいあるんですけど。結局、感情移入……自分がああいうかっこしているときには、自分はああいう気持ちになるから、彼もそうなんだろうという受け取り方。でもそれはすごい思い込みで、そんなの結局自分を投影してるだけで、他人と出会うわけでもないですよね。でもそういう話を聞いたときに、生物学の人が、そんなの何も難しくないと。虫とかクラゲだったら痛みをわからんかもしれないけど、魚がバタバタしてたり、犬がバタバタしてたりしたら、脊椎動物で骨格は一緒やから、バタバタしてても、少しかたちが違うだけで同じなんだから、そんなの感情移入以前にわかってしまうって。

河合——動物自身は皆そういうふうにコミュニケーションとってます。犬は言語を持ってないから、ぱっと見てどっちが強いとか、匂いとか、ありますね。僕は人間もそれ持ってると思うんです。ものすごく退化してるけど。僕ら臨床家はその能力をフル回転させないとだめなんじゃないか。動物的な勘みたいなところに頼る。それは訓練によって相当できるんじゃないかというのが、僕の考え方です。

鷲田——具体的にはどういうことですか。

河合——やっぱり患者さんに会うことですね。会って、しょっちゅう反省してるわけですよ。一回一回勝負ですからね。たとえば、来られた方に「今日でお会いするのが終わりです。最後のご挨拶《あいさつ》に来ました」と言われたとき、それは本当に覚悟して来たのか、そういうふうに言っておられるだけなのか、それを読むのは勘しかないわけです。勘で賭けていくしかない。それは僕は磨かれると思っているわけですよ。

鷲田——相当なリスクを。

河合——そう、相当なリスクを抱え込みながら、見ていかないと仕方ないわけで、それでももし失敗したら大変なことになるわけですね。ちょっと本にも書いてますけど、僕がまだユング研究所で駆け出しのころ、スイス人と会ってて、その人が自殺未遂をするんですよ。予感していて自殺未遂されたのならともかく、その人が自殺未遂する可能性を、僕は全然考えてなかったわけですよ。だからものすごくビックリして、僕のスーパーバイザー、指導者のところに行ったんです。その人はふつうはそんなことしないんだけど、自殺未遂されて危ないから自分が直接会う、と。それで、直接会ったスーパーバイザーに「どういうふうに言われましたか」と聞いたら、「あなたは自殺するということはすごいことだと思っているようだけれど、自殺なんて人間の歴史はじまって以来いくらでもある。何も不思議なことでも、勇気のある人がするわけでも何でもない。ただし、今されると河合が迷惑するから、河合と縁を切って関係ないことにしてからやってくれ」と。で、どうぞお帰りください、と言ったという。絶対死なないという確信あるわけでしょう。それで死んだら大失敗だけど。それ聞いて、「いいこと聞いた。だれか自殺したいという人に言うたろ」思うてたら、絶対だめですよ。それはその人の、そのときその場だけの真実でなければだめでしょう。だからそういう、賭けのわけですね。そういう言い方で、こっちも賭けてるぞというのがわかるわけですね。単に死ねばいいというのと違いますよね。その、のるかそるかいうところって、わかるでしょう。勘だけかというと、そうでもないですよね。経験もあるし、理論もあるわけでしょう。総合的に、しかしその場で決意せないけませんからね。

鷲田――そう考えてくると、臨床的な科学というのは、学問、科学というものと、メチエ、職人芸というのか、身体で覚える知恵みたいなものの境界にあるわけですね。

河合――アートとテクノロジーの間みたいなものになってくるんですね。テクノロジーというのは決まりきってるわけです。アートは、本人そのものがすごく関わってきますよね。でもいろいろ理屈はありますから、そこまで個人的でもないんです。だから僕は、アートとテクノロジーの間にあるという言い方をしている。中間的なもんだと。

「見る」以外の感覚を

鷲田――ところで対象の、病のほうは、この人、今このときというふうに、一般化が基本的にできないものですね。医学の場合でしたら、病気というのを「これは何病」とか、その人をトータルに見ないで、人間のシステムの故障であると、ある一般性の中で見ればよいですね。しかし看護とかカウンセリングとか精神医療となってくると、最後の最後まで個別性とか特異性ということがある。メソッドとして、単純にこういうときにこうしなさいというようなことが言えない。

河合——そしたら何も理論がないかと言うと、そうでもない。そこが難しいんで。ある程度の理論や見通しがある。しかし、人間の全体を見るいうことでやってると曖昧でわからなかったのに、ちゃんと疾患を固定して診る方法を、近代医学は考えたわけですね。それでちゃんと治せると。近代医学がものすごく進んだところは、これは絶対認めないといけないけど、近代医学の方法を看護に使うのはおかしい。わかりやすい言い方をすれば、人間関係を入れないということで近代医学は成立するわけでしょう。関係を切って現象を見ているから、普遍性が出てくる。しかし看護であれ何であれ、僕らは関係の中で生きてるわけですから、人間関係を根本にして考えるというところで、臨床の価値が出てくると思っているんですけどね。

鷲田——先生の書かれたものを読ませていただいていつも感じるのは、いわゆる診るというのはたしかにある距離を置いた関係ですけど、先生のお話の中には音の話や匂いの話や、触れる話とか、聴くとか、単に距離を置いて見るのではなく、触覚性みたいなことがあるんですね。

河合――本当にそのとおりですね。特に医学的な人は客観的なほうに力がかかっていますが、僕らはどんどん近づいていかないとだめだから。匂いや音、触感、そういうのはものすごく大事なんじゃないでしょうか。

鷲田――今の私たちから考えられないですけど、王朝文学なんて読んでいていつも面白いなと思いますのは、視覚性がどこか引っ込んでいる。最初、何となく噂話で聞く、で、その後香りがしたりとか、その後衣擦《きぬず》れの音がしたりとか。で、真っ暗な中忍び込んできて、全部すんでから朝起きて顔を見るという。

河合――見るなんて、三日経ってからですよ。

鷲田――見るがいちばん最後に来る。

河合――考えてみたら、体験というものの根本を押さえてる、と言えるかもしれないですね。我々は「見合い」と言って、見ようとするでしょう。だからほとんど本質を逃している。で、結婚してから「助けて!」って（笑）。

鷲田――先生がアートっておっしゃる個別的なものですが、ジャコメッティという彫刻家が、すごく面白いこと言ってるんです。あの人は、自分の気に入ったごく少数の人の絵しか描かないし、彫刻もしないですよね。日本人では矢内原伊作さんにぞっこんになられたんですけど、ジャコメッティが言ってるのは、一人の人を描ききって、描ききったら、なぜかその顔は、だれの顔でもあるように見える。普遍的なところになる、と書いてらして。

河合――面白いですね。

鷲田――ちょっと勇気づけられたんですけど、哲学ってある意味で、極端に普遍的なこと、例外なしにあらゆることに当てはまること、客観的なことを学問の基準にしています。でも臨床哲学なんて言って現場に行ったら、普遍的ではないことがいっぱい出てくる。そのときに、これでいいんだ、とジャコメッティに言ってもらったような気になって。

河合――僕なんか最初やり出したときには、さんざんに言われたんです。学問やないとかね。

鷲田――でも科学自身がこれからそういうふうに変わるんじゃないか。

河合――ええ、変わるんじゃないかと思ってるんですが。必要性は皆感じてるわけですね。看護のこととか、すべてそうですよね。それは何も、近代医学を全然否定していないんで、医学はどんどんやってください、それはそれでいいんです。でもそればっかりで全部やるのは無理だしおかしいと、そういう考え方でしょう。

鷲田——二〇世紀の科学にしても、そもそも量子力学などとともに、客観的な観察、観測というのは、実は観測者のいる場所とか相手との位置関係とかと相補的だという考え方が出てきた。科学史のパラダイムという考え方でも、同じ「重量」という概念がニュートン力学と量子力学では通約できないとされる。基本的に共通の分母がない。つまり客観性という理念への疑問が次々と出てきた。こういう流れがある一方で、医学や心理学の世界では依然として客観性神話が根強い。

河合——それは、心理学は後進国ですからね。物理学は先端に行ってるでしょう。最先端に行ってるから、かえってパラダイムは変わってくるんだけど、心理学は、学問ではいちばん最後に出てきたから、何とかして追いつかなきゃいかんと思うから、近代科学の真似ばっかりしてたんですね。

それと、日本ということもちょっとあると思いますね。日本人はつまり、西洋の外国の科学をどうとりいれるか、どう追いつくかいうことを考えすぎた。

何とかして近代科学に追いつこうという姿勢が強すぎるわけですよ。それ以外のものはだめだと排除している。だからかえって欧米のほうが考え方に柔軟性がありますよね。日本は硬いでしょう。それがすごく面白かったのは、トランス・パーソナルという考え方があるでしょう。トランス・パーソナル学会を、一九八三、四年だったか、日本でやったことがあるんですよ。そのときにトランス・パーソナル学会の人がものすごうびっくりするんですよ。日本の人は皆トランス・パーソナルだと思って日本に来たら、出てくる学者が皆コチコチでしょ。日本人はどうなっとるんやと言うから、日本の学者はこうやねんと言ってあげました(笑)。日本の伝統的なカルチャーはトランス・パーソナルやとすごく思ってるんだけど、それを否定することによって学問ができると皆考えているから、こういうことが起こるんや、と説明したんやけど、彼ら、すごくビックリしたみたいで。

鷲田――理論でいろいろこねると、人格の形成とか人格の統一とかありますが、実際には行き当たりばったりですよね。だれとしゃべるかということで、その都度その都度呼び方まで変えるし。大阪なんて、一人称が二人称に、二人称が一人称に変換したりする。

河合――ああ、そうねえ。「われ」って言うのねえ。

鷲田――「自分、今日どこ行くのん?」って言われたときも、最初、何を訊かれたかわからなかったです(笑)。そういう反転が起こるって、すごい人格が可塑的というか。一日でほとんど「わたくしは」なんて使わない。講演でしか使わない。だからヨーロッパの人たち、ウィリアム・ジェイムズとかハイデッガーらが、I think(コギト)じゃなく、コギトの思考に対比するかたちでitを主語にしてIt thinksが実態だって主張したんですが、そんなの、われわれからすると革命でも何でもない。それをなぜ見ないようにしてきたかという科学の構造のほうが問題で、もう少しふつうに見てたら。

河合――アメリカで「What is I ?」という講演をしたんですよ。あなた方「Who am I ?」というのは得意で「I'm a psychologist」などと答えるけれど、「What is I ?」と訊いて、答えはほとんどわからないでしょう。で、「I」というのはあなた方が考えているほど簡単なものではないという話をしたんです。

鷲田――パスカルに、まったく同じ問いがあります。私とは何か。「だれか」じゃなしに。

河合――わあ、そうですか。はぁ、それは知らんかったなあ。

鷲田――パスカルは相当な皮肉屋ですから、たとえば「あなたは身体か？」、違うだろう、だれかが「あなたは美しい」と言ったって、ペストにかかれば容貌もすっかり変わってしまうだろうけど、それでもあなたはあなたなわけだろう。心か？　心じゃないだろう？　あなたは記憶力がいいとか計算ができるという、そういうことで他人に愛《め》でられたりしてたって、もの忘れがひどくなったり、ショックのあまり人格が変わることもある。それでもあなたはあなただろう、というふうに言っていくんです。そして最後に「あなたをつくっているのは、結局のところ借り物ばっかりじゃないか」、つまりそのときの能力であり、この世でたまたま持っている身体とか、借り物ばっかりじゃないか。そこ以外にあなたはないじゃないか。そうしたら、世の中で、地位があるとか美人であるとか、借り物だけで尊敬されている人をばかにしたらあかんよ、と、最後に言うんです。本当はそんなの虚しいよと言いたいんですけど。

河合――それが仏教だったらまさに、はじめから色即是空、自性《じしょう》はないというんですからね。ないことから組み上げていくんだから、まるっきり逆ですよね。

鷲田――ヨーロッパの哲学で、「他者」というのは、つまずきの石だったと言われることがあります。

河合――わあ。日本では、「私」こそつまずきの石なんですね。私なんて皆考えてなかったから。それが急に近代になって「自我」なんて。

鷲田――ヨーロッパが逆で、思想の雑誌開いても、他者とか他者性とかばっかり。

河合――しばらく日本は「自我」ばっかり。自我の確立、自我の何とかいうんで、大分皆飯食ったわけですよ。「私」なら前から知ってたんだけど、「自我」はないから、新語をつくったんですな。

鷲田――「他者性」との関連で、最近は「多様性」ということがよく言われるでしょ。文化の多様性とか、あるいは個人であっても。多様でありつつ共存する。それはもちろん私も大切であると思うんですが、一つよくわからないのが、多重人格。多様であっても、文化の多様、言語の多様、価値観の多様、ほかは全部わかるんですけど。あれはある意味で一つの人間の多様と考えたら、私は私でなくても、いろんな私でありうるって、ある意味で多様性と言えるのか。

河合――そうそう。

カギは「調和」の感覚

鷲田——昔だったら人間は、人生何かある仕事一つで生涯を貫くことが尊いとされた。漁夫生涯竹一竿でしたっけ。そういう生き方をすると、会社に行って会社に自分を全部預けて定年を迎える、本当にピッと終わりますね。けれど、若いときに会社の勤務中にエスケープして映画を観に行ったりとか、あるいは五時になって、後はオートバイの仲間と遊んでたりする、そういう、若いときからいろんなチャンネル持ってる人は、別に定年が来ても一つのチャンネルがなくなるぐらいですむ。私の友人なんか見ていても、バンと存在感のある人って優等生タイプの人じゃなくて、結構いろんなところ渡り歩いてきた人。そういう人が、五〇過ぎてくると、これは絶対モテるなあという感じの存在感持ってくるんですね。そういう多様性というのは大事ですけど、多重人格というと統一性を繋ぐもの自体がなくなって、非常に苦しいというのはわかるんですけども、多様性ということを本当に言い出すとすれば、それのほうがいいんだという言い方もできるものなんでしょうか。

河合――それは、これからの、あらゆるところにある、すごく大きな疑問じゃないでしょうか。私にとってもすごく大きな問題で、ずっと考えていることです。まず多重人格の方ですが、実際本当に大変です。多重人格の特徴は、お互いに関係がない。あるいは、一方だけ知っている。二重人格の場合はわかりやすいですけど、不思議なことに第一人格はよい人格で、第二人格は悪い人格です。第二人格は第一人格の存在を知っていることが多いんです。第一は、第二を知らないんです。悪いやつのほうが上手《うわて》なんですね。すごく興味深いですけどね。

それはともかくとして、今おっしゃった多様性のことですが、会社のこともやっているけれど、オートバイもやっている、ぐらいだったらいいけれど、たとえば教室の中では「皆、さぼってはいけません、しっかりやりなさい」と言っておいて、教室から外へ出たら悪いことをする教師。これは多様性があるというのか……難しくなるでしょう。だから、多様な中の統一というか、そういうことはだれでも言うんです。でもいくら早いこと統一しようと思っても、多様はなくならんですよ。そこのところで、西洋人は多様をインテグレートすることを考える。

鷲田——統合する。

河合——われわれ日本人はハーモニーだと思うてる。インテグレートはされてなくても、ハーモニーがある。違うんじゃないかと。日本人には、調和の感覚は美的感覚としてありますわね。日本人は倫理観という場合、美的感覚がすごく大事になってくるんじゃないか。向こうは一神教でしょう。だからやはりインテグレーションと言いたいし、どこかに一なるものがあるんですよ。一なるものまで統合されていく。こちらの場合は一なるものがなくて、いろいろあるんだけど、ハーモニーがある。だから僕はそのハーモニーの感覚を身につけて生きていく、これがいいんじゃないかと思っているんですけどね。

鷲田——おっしゃられるように、まさに人格もユニティ（統合）であり、ユニット（単位）ですからね。統一されてはじめて人格がなりたち、人格が一つひとつのユニットになって、国家を形成していく。そして一国家で一を形成する。そこでもユニティがユニットになって、ヨーロッパの世界国家、世界性を考えたりというふうに統合されていくという秩序。だから一般の社会、共同体というのを考えるときに、何らかの集合体がいるわけですよね。信仰を共有するとか、ことばを共有するとか、信念や思想を共有するとか、それは宗派でも政治集団でもそうだし、国家でもそうだし、集団ができるときにはいつも、何かある共通のものを共有するというかたちで共同体がつくられる。いちばん大きくなると人類は神という共通のものを共有し、それぞれが神と繋がるかたちで一つのまとまりができる。

ヨーロッパの現代の思想でも、何かを共有するかたちでないような共同体は、どうしたらできるんだろうか、というのが最近問題になっています。共有しないものは、外部になってしまう。ヨーロッパの人が他者と言っているのも、外に排除するんじゃなく、しかも共有できるものがなくて共存できる共同体とはどういうものなのか、と。

河合――面白いね。多重人格というのはアメリカでものすごく出てきたんです。一神教の世界だから。アメリカ社会は突然ああいうふうに急に拡張してきたから、いろんなことが起こる。ところがユニットの中に入らないものはほっぽり出すんです。その、入らないのが別の人格を形成する。日本の場合は、放り出さずに曖昧にくっついているから、多重人格にならずに、まあ多重人格的に保たれてる。向こうは完全に多重人格になる。多重人格をどうやって治療するか。アメリカでは治療者が、一人ひとり呼び出すんですよ。今第一だから、第二は引っ込んでくれと。次、第二の方出てください、次、第三、と。三と二は一緒にならへんかとか、一人ひとり話し合いをしていく。それでだんだん一人にしていく。僕は絶対それはあかんと。僕の方法は、一が出ようが三が出ようが、ふわーと会っている。あまり区別はしない。

鷲田——決まりを治療者につくらせるんじゃなしに、相手方に。

河合——そう、だんだん繋いでいくから、それは向こうに任せといたらいい。しかし、こっちは一人ひとりとしっかり会うて、真剣に話さないかん。ちょっとおれいいか、と出てきても、はいはいと。アメリカはそんなわけはない、明確にしろと。でもアメリカのほうは本当に、今、失敗してきてるんですよ。日本のほうで、アメリカ式にやる人がいるんですよ。一と二と三と四と会って、とうとう一つになるんですよ。喜んどったら、三日後に自殺。

鷲田——統合されて。

河合——統合に無理があったんでしょう。統合と言ってるけど、だれか死ぬわけですよ。そのだれかにしたら殺されてる。二も三も四も生かして一人にするって、すごく難しいじゃないですか。一人ひとり呼び出しているということは、人格も認めているわけやからね。いったん人格を認めながら、一人になれなんて、それは無茶な話ですよ。僕の方法は、時間はかかるけど、皆が自然に一つになっていくのを待つのです。

鷲田――人間というのは、いい加減というのが大事ですよね。何かあったとき、それと突っ張らずに一体化したら、ものすごく危ないんですよね。たとえば人間には、憎いけれども好きだとか、アンビバレントな矛盾した感情があることが、ある意味でリアルな感覚の根本にあると思うんですよ。よく言うんですけど、人間は皆自分を探していると。でも正直なところ、本当に皆自分なんかになりたいのかと思う。自分になりたいけど、自分でなくなりたいという、正反対の感情に魅力を感じますし、あの人が持っているからほしい、でもあの人が持ってるからほしくない。モードもそうですね。対立するもの、矛盾するものを持ちえてるというのが、人として生きえていることだと思うんです。いい加減で両方持ってるときに、二者択一でどちらかというふうに分裂してしまうと、苦しいことになりますね。

だから、なぜ、いい加減はよい加減なのか。いい加減、悪い加減の、加減の範囲はどういうところにあるんでしょうか。

河合――それは、調和の感覚というか、そういうのを鍛えて各人が持つべきではないか、と思います。だから、教条的な教養とでも言うか、それにしたがって生きているのではなくて、自分の持っている調和感覚を鍛えに鍛えて生きていかないと。

鷲田――ところが、皆がいい塩梅《あんばい》で共同生活をできるには、一人犠牲者をつくったらいいというか、あるいは一人ヴァルネラブル（傷つきやすい、攻撃されやすい）な存在をつくるというか。家族でも何でもだれか一人いじめられ役というか、かわいそうな人をつくると、かえってその集団がすごくうまくいくということがあって。生贄《いけにえ》の山羊のような残酷な装置を共同生活の中に取り入れてきた。

河合――それをやめるのには、各人が自分の悪を認めないといかん。そうしないと、だれか悪が一人になってよくないんです。自分たちは善だ。一人悪い奴がいる。これは単純なグループダイナミクスで、これからは各人が自分の悪を自覚しないと。その悪をどこまで許容するのかいうときに、僕のさっきから言っている美的感覚ですか、それ以上はおれの美意識が許さない。だけどこんなのは、西洋で言っても通らんのです。まずプリンシプルが確立していないと。

鷲田――その美というのはどういうふうに考えたらいいんですか。たとえば日本語で美しいと言ったときに、単なる造形的な美しさというよりも、きれいということばがありますね、それに近くて、要するに勝負ごとでもきれいに負けるほうが汚く勝つよりいいというような。日本のきれいとか美しさというのは、案外、道徳に近いような。

河合――僕も日本の倫理基準は、やっぱり美的判断じゃないかと言ってるの。でもそれは、ものすごく言語化しにくいんですよね。言語化できないということは、西洋人には通じないということだから。たとえば、嘘をついてはいけません、というのはまずはっきりしてますよね。でも嘘をついていない人はいないでしょう。どうなるのかいうときに、どの程度ついていいのかというのは、ものすごく言語化しにくいですね。けど、お互いには割にわかるわけでしょう。あいつはこのくらいやねんか、いうときに、不文律的合意がある。それを各人が洗練させていくというか、各人が努力するというか。そういうことが必要じゃないかと思います。

鷲田――一方で、ことばに還元できないような関わりの中に、意外ときめこまかなコモンセンスが働いている、そういうのはからだで覚えていることかもしれませんけど、ヨーロッパの人もそれをコモンセンス、「センス」というわかりにくいことばで語った。そういうことばの奥が問題になる。ところが他方で、それこそマルチカルチュラリズムとか、グローバル化とか言われる状況の中では、一方で、いわゆるきちっとした論理が、本来のラショナルで、最低限の合意、コンセンサスが求められる。ただしコンセンサスって「センスを共有する」ということですよね。だからヨーロッパの文化もそんな単純なロゴス主義じゃないわけです。ことばに還元できないコモンセンスがある、もう一方でことばを通したコンセンサスがあるという、その両面があると思うんですね。

その中で日本語で面白いなと思いますのは、語るということを考えたときに、日本語では「語る」ことは「騙《かた》る」、「嘘をつくこと」。先生が言ってらっしゃいますけれど。一方でことば以前を言い、あるいは言語に還元してはいけないと言い、もう一方では言語を通じた徹底的なラショナルなコンセンサスがいると言いながら、同時にその語ること自体が、「物語る」という、それなりに嘘であれ本当であれ納得してしまって安心するということにもなっている。その自覚も日本の世界にはあったと思うんですが。そうすると今度は、よき対立と悪い対立がある。言いかえると、両義性というか、アンビギュイティ、曖昧であるということが人間にとってポジティブに働く場合と、アンビバレンスという分裂状態になる場合とがある。他人と語るときでも、物語にはよい物語と悪い物語がある。結局人間って、自分を理解しながらしか生きていけないから、物語を必要としているんですけど、閉じてしまう悪い物語もあれば、開いていくハーモニーの、よい物語もある。このよい悪いが、今言った美とか道徳の問題と関わっていくんじゃないでしょうか。

河合――そうですね。そこのところをまたうまく言わないといかんわけですね。よい悪いだけでなく。

鷲田――ナラティブなんて言い方もありますが、ナラティブセラピーというのは本当によくわかるし、自分とは何かを考えたとき、私たちが自分とは何か語るときには、物語でしか語れないですけれども、それが一つ間違えると……。

河合――悪いほうになる。嘘にね。

ことばをほぐす

鷲田——先生、カウンセリングのときに、クライアントが語ろうとされている物語というもの、出かけている物語に対して、まず最初にどういうふうに関わるんですか。

河合——とにかく待ってるというか。やっぱり修練というよりしょうがないかなあ。僕が会うと話をする人多いですからね。

鷲田——先ほどのよい物語、悪い物語とで言えば、悪い物語でも、それで腑に落ちるんですか。

河合——向こうも腑に落ちるだけではだめです。こっちも落ちなきゃだめです。そこは闘いなんです。ある患者の場合で言うと、「先生、僕はCIAなんですけど」。それはその人の物語です。でも僕はそれにどう応えるかというと、ものすごく難しいですよ。そうですねと肯定するのはいけないんです。そんなことはないですよと言うと、その人は怒って来ないかもしれない。そういうとき、ものすごいしんどいです。もう、それは要するに、僕という人間の限界に対して、非常に忠実にやってないとしょうがないです。何やわからんけど、僕にはまだ聴けてる、という感じはいいんです。そやけど、もう、僕がおびやかされてあかん、その話にはもうついていけないというときもある。それは本当にぎりぎりです。CIAぐらいだったら、すごくはっきりしてるけど、その中間的なことあるでしょう。聴いてるうちに、その話がどこまでのものかわからないようになってくるんですよ。記録を書こうとすると、ものすごくしんどいです。それは事実なのか妄想なのかわからないわけ。書けないぐらいの状態です。そういうところへ一緒に入っていくからね。

鷲田——哲学というのはどうしてもことばが根底の学問ですので、臨床に関わるといっても、どうしてもことばを通して関わる。しかし臨床に立つということは、からだで問題を感じることですね。その場所に立つことで、そこに身を浸すことではじめて見えてくることがある。そこで心理学とか臨床心理学というものと、哲学のことばというのは同じなのか違うのか、すごく悩むんですよね。二〇世紀は精神分析家とか臨床心理学者が哲学者の代わりをするんだ、と言った人もいるし、逆にソクラテスが最初の精神医学者だったと言う人もいるんですが、ことばの点から言ったとき、哲学は、そういう臨床で何をしたらいいんでしょうか。

河合——それはね、実際にやると、そのときにうまくいったか、そのときどうだったかに、ものすごくとらわれてくるからね。もういっぺん、ことばとして、反省することが必要なんです。どうしてもことばとして普遍性を狙うという点を、怠《おこた》るんですね。

鷲田——反対のところに行ってしまう。

河合——そう、しんどいから。しかし、うっかり、ことばにするほうを好きになると、そればかりで臨床ができなくなるんですね。でも僕は、僕らがやってることは、絶対哲学的に反省しなくてはならないという考え方なんです。それは、僕がやらなくても、たとえば鷲田さんがやってくれたらいいと思う。一緒にそういうのはやったらいいんです。それはやっぱり自分の得手というか、領域をちゃんとしてやっていかないと、どっちつかずになってしまう。私の言った一言が、哲学的にはどういう意味のことかとか考えすぎるようになると、今度はクライアントに会えなくなりますよ。一発勝負ですから。野球評論家が野球したら大したことないのと変わらない。と言って、今度は野球の大選手が皆名コーチになれるか言うたら、なれないでしょう。名選手で、監督下手な人たくさんいます。だからお互いに、自分は何をしているかを、よく知ることだと思います。そしてお互いに協調することだと思います。できないことはしないということで、僕は実際にやるほうのタイプだと思いますね。あまり哲学的に考えるほうじゃない。

鷲田——硬いことばで問い詰めるというのは、同業者では得意な人多くて、理屈好きな人が多いですけど、他方で哲学研究者として看護師さんや小学校の先生と、あるいは会社で働いている人なんかと話していますでしょう。そのときに、今まで短い期間ですけど、哲学者の名前を出さないやり方で聴くことからはじめたときに、今かろうじて、これは一つできることかなということが、「ことばをほぐす」いうことなんです。

私たち阪大の社会人入試で看護師さんを二人受け入れましたときに、ことばをすり合わせるのに本当に苦労しました。看護師さんの使われることばと、私たちが使うことばが、お互いに、それどういう意味で言ってるのと。ニュアンスもわからないし、それに態度が正反対なんですね。看護師さんはチームワークでやらないといけない。それから、その都度結論を出さなきゃいけない。私たちは、そんな早く結論を出すわけにはいかない。わからないことのほうが大事なぐらいでね。何というか、むしろわからないことが続いたら、今日の議論は面白かったなあと、答えが出ないときのほうが気持ちがいいということがありまして。正反対で、本当にことばのキャッチボールができるまでに一年ぐらいかかったんですよ。

でも、そのときにふっと思ったのは、お互いがそれぞれことばが変わってきたといいますか。お互いがそういう中で、自分たちが使ってきたことばがほぐれてきまして、それぞれのことばが変わってきたなと。最初からあまり、概念というか、理論で武装しないでものが考えられる経験というのは、哲学研究者として多分意味があったことだろうし、私たちは私たちで、一つずつ個別的なことに関わることでしか見えないことを実感としてわかってきた。ことばがお互い変わった印象がある。もちろん私たちは直接患者さんとか苦しんでいる方に関わるというより、それをケアしている人に関わることばを使っているんですけれども。

便宜的因果性に賭ける

河合――それはすごく必要だと思います。われわれもそうだけど、実際に苦しんでいる人に身近に接するわけだから、どうしてもその世界に入りすぎて、もういっぺん横から見る機会がないわけじゃないですか。そういうときに、鷲田さんと話したりしたら、もういっぺん上から見たり横から見たりできますよね。すごく意味があると思う。そういうことが必要だと思いますね。

あと、因果律というのが問題になる。やはり心理学的に説明できるわけですよね。母親の迫害が原因で、とか。ところが、実際にあったことですが、子どもが非行に走って、親父がすごいアルコール依存症。お父さんのアルコール依存症が原因で子どもが非行になってる、お父さんもっと考えたらどうですかと。お父さんは、「いや、アルコール依存症は非行の原因じゃありませんよ。もしアルコール依存症が原因やったら、アルコール依存症の子どもは全部非行に走るいうことになる。ところがアルコール依存症の子どもで立派にやっている子どももいる。だからおれは何も原因ではない。原因は息子の生き方である」と。僕に言わせると、ユングでもフロイトでも全部そうですけど、それは自分が自分のことを内的に考えていって、内的に考えたことを言うときには、因果の筋道を使っていいんです。私のこういう生き方が息子にこう影響を与えている、だからこうしましょう。しかしそれを他人に適用することはできない。他人に適用できるのは物理学とかですね。これは普遍性があるから。ところが深層心理学は、本人が自分の内界を感じるものとしてやるわけだから、非常に参考にはなるけど、他人に適用すべきものではない、というところがあるんです。なのにそういう因果律を使う。それはおかしい。そんなの心の問題で、因果なんて考えられないんだと。

ところがその次が大事です。私のところに来た人が、やっぱり自分の生き方が原因で息子が、と言う。ちゃんとその人はその考え方で変わるわけですね。有効なんですよ、因果的思考は。つまり厳密に言えば因果的でないかもしれないけど、思考の筋道を表現するときに、人間というのは因果的思考がすごく好きなの。特に現代人は。因果的に説明したら、いちばんその人がふうんと思う。

周りの人も。因果的筋道というところに、皆がコミットできる。ところが「私の生き方は、原因ではありません。少しは関係していますが」なんて言っても、誰もコミットしないんです。コミットメントの筋道としての因果性というのは、意味がある。それを便宜的になしえただけでね。だからわれわれ心理療法家は、便宜的因果性に賭ける力を持っているんだと。ただし、それを絶対的真実とは思っていない。それを絶対的真実だと思う人というのはどういう人かというと、たとえば、こういう事件が起こった。原因は母親だ。母親を追及しようとするでしょう。私は絶対コメントしないですね。何が原因かわかりませんから。だから、それを絶対的真実として次の行動を起こさない。けれども、便宜的因果性に賭ける力を持っているのが、臨床心理学者の、あるいはサイコセラピストの役割だというのを、最近書いたんですけどね。

鷲田――哲学ではそれを、原因に対して理由ということばで言いますね。二〇世紀の初めごろ、文化科学、精神科学は、自然科学にいつも劣っているように言われていたけれど、文化科学には文化科学の論理がある。ものごとには原因結果ではなくて、理由があると。

哲学はいろんな学問の基礎でなければならないということで、本当に普遍的なことをめがけてきたわけですが、これに対して臨床哲学は個別ということにこだわりつづけようとしています。個別ということを足し算するんじゃなく、個別という一例をぐっと深めることで、普遍的な場に出る。そういう思考法がなぜ重要かということは、なかなかまだ、うまく表現しきれていないんですけど。

河合——それを哲学的にちゃんと検討して、言ってくださるのを希望しますね。僕らはそれを、事例研究と言っているんですよ。

鷲田——イグザンプルではなくて、ケースなんですね。

河合——それをずっとやっていく。ところが、臨床心理学の初期には、いわゆる自然科学に毒されているでしょう。そうすると、たとえば不登校が問題になったら、不登校生の調査をする。その結果、中学生がいちばん多いとか、女性が少ないとか発表するけど、それは何も役に立たないわけですよ。ところが面白いことに、ある不登校の子に徹底的に二年間会って、ずっとその事例を発表すると、それは中年の人に会ってる人にも、おじいさんに会ってる人にも、皆の役に立つ。それは、不登校の話を超えてしまうんです。

僕はユング研究所から帰ってきたときに、事例研究を徹底的にやることを、ものすごい推奨したんです。それを、学問やないという声もあった。それに対して、医学の一例報告とは違うんだと。事例研究を徹底的に追究してやることは、普遍性に立ってるんだということで、僕らの学会は事例研究を研究として見るのみならず、推奨したんです。そうしたら、ものすごい面白いことが起こってきた。学会会場で、発表が行われている間に、外へ出る人がほとんどなくなった。ふつう学会と言えば、発表する人と、その少数の友達が聴くぐらいでしょう。ところが事例研究は皆熱心に聴いて、ディスカッションにも参加して、途中で出ない。本屋さんがビックリするわけですよ。こんな発表時間に本を買いに来ない学会はないと。役に立つんですよ。面白いでしょう。

僕は、事例研究が学問的研究であるとわかってもらうまでに、ものすごい苦労した。しかしこれがわれわれの学会が発展した一つの起爆力となった。それをもっと哲学的に、そこを押さえてやってもらえると、すごいんですね。

鷲田――そういう問題を実感したのは、私がある看護師さんの博士論文のお手伝いをしたときに、その看護師さんは自分の同僚の優秀な看護師さんが、プライマリーナースとしてずっと患者さんに関わっている、その人とずっと一緒に働きながら観察して書いたんです。私は素晴らしいと思ったんですよ。ところがその審査の先生方は、そんなの一例やないか、何も言えないやないかということで。でも、それは絶対違うと思います。

河合――私もどれだけケンカしてきたか。特に心理学って科学主義でしょう。

鷲田――そのときに、文体って大切だなと思いました。学問というのは、これまでの科学のイメージは、できるだけだれでもぱっと見てわかるように記号化する、あるいは意識化するということをやってきたんですけど、私は哲学とか文学というものを見て、記述というのは、ある特定の文体でないとできない。文体は人なりと昔言いましたけど、本当にすぐれた科学研究をした人は、あの語り口でなくてはならないということがあるような感じがして。単に個別の例というだけでなく、科学における語りの仕組み、語りとは何かということも考えて行わないといけないと思います。偶然ということもね。先生がクライアントと会われるのも偶然だし、看護師さんがある患者さんの担当になるのも偶然ですよね。好き嫌いで選べるわけじゃない。それこそ偶然の出会いの中でできてくる関係、そこにしか起こらないことでしょう。科学は偶然性をどんどん排する方向で、必然的なものだけを見てきましたけど、偶然性というものも問題で。

河合――ものすごい大事。

鷲田――偶然性を孕《はら》んだ科学。

事例研究と文学の違い

河合――そう、そのとおり。それをやらなかったら絶対だめです。そうすると事例研究は、文学とどこが違うかと問われます。文学も個別性を掘り下げていく。どうですか?

鷲田――難しいボールが来たなあ。

河合――谷川俊太郎さんに言われたんですよ。

鷲田――先生はどう答えたんですか。

河合――僕は文学は何もわからんのに、こういう仕事の名人になってるから、それは全然違うでしょう、と(笑)。そんなの答えになりませんって怒られたんだけど。それ僕、いまだにちゃんと言いきれなくて困っていることなんです。

鷲田――それは、事実かフィクションかという問題ではないと思います。

河合――なるほど。それだったらあまりに単純でしょう。けど、文学的ではあるでしょう。文体ということも入っているしね。

鷲田――ことばというのは、科学では記号化する、意味に還元されるんですけど、実際に診療の場で語られることばというのは、何というか、悲鳴みたいなものがあるでしょう。聴くだけで怖くなるというか、あの声に触れるだけで身が固くなるとか。語りというものが持っている力は、単に意味の力だけではない。聴く人に触れるというか、触覚的な意味をも持っていると思う。もちろん文学にも、書かれた文字にも、文字面《もじづら》というんですか、見ただけで気が楽になるようなものもあれば、カチカチのページもありますけどね。ことばの力、意味の力だけやなしに、ことばというものが字としてあるいは音として持っている、声として持っている力というものを、同時に視野に入れておかないといけないんじゃないかと思いますね。意味わからんでも、あの人がしゃべっているのを聴いたら、ほっとするというか、気分が落ちつくというのもありますしね。

どうなんでしょう。臨床の方というのは、単にことばの語りだけでなく、声の語りをどういうふうに言語化していくかということを――もちろんさらに、そのとき姿勢が、表情がどうだったかというのもあるんですが、とりあえず、言語として考えると、むしろ声の語り。それがある文体の中でリアルなかたちになれば、それが臨床の思考かなと思います。それに対して、文学の力というのは、個別のものを掘り下げるんですけれど、その場に居合わせなくても、そのことばの意味を通じて、だれでもその世界に入っていけますよね。たしかに文学も個別の主人公がいて、とやるんですけど、基本的には、声というのは、だれかの声ですよね。声は顔と同じで、その人と切り離せないわけですけど、文学に書かれているものは、そういう意味では、最初からだれでもその世界に入っていけるような、意味を開く世界というか。そういうことは言えないでしょうか。

河合——これは谷川さんに言われて以来の宿題でしてね。私は理科系の人間でしょう。やはり自分のやってることは、ファクトを語るという気持ちがあるんですね。だから文体ということを信用しなかったんですよ。文体なんていうのは、事実がわからないやつがごまかすためにやる、事実を把握してたら、どんな書き方しても、事実で相手を説得できるんだから、と思ってた。だけど、あとから考えると結構文体があってね。自分でも文体があると思い出したりすると、かえって書くのが難しくなってきます。

鷲田——テレビのニュースでもそうですよね。一つの事件が数十秒なり数分で登場するときに、どういう画面の切り取り方をするか、どういうシーンを続けるかで、全然違うものになってしまいます。どういうふうに編むかという。事例研究でも、そういうふうに、何を書いて何を書かないかとか。

河合——そうです、全部言えるはずがないんですから。

鷲田——すべて書くとなると、実際何もわかってないと同じですから。その編むということ、文学的な世界というのが、一つの構想の中で物語が展開していく。やはり作家の中では、すべてのことが必然性を持っていると思うんですが、それは科学的な位置付けではない。こうでしか描けない、表現できないという、必然性がある。文学ってゆるそうに見えるけど、実は緻密に個々の作家の中で隙間なくきちっと編まれるというか、構成されていると思うんです。でも事例研究というのは、意味が完全に一つの織物の中に凝縮されない、ある別の解釈をも許すような契機をそのままに組み込んで、そのまま出す。それが事例研究じゃないでしょうか。そうでなかったらただの論文になってしまう。事例を百パーセント解釈しきっても別なふうにも読めるというのが事例研究。

河合——だから、皆聴きに来るわけ。

鷲田——個別的ということと偶然ということが、すごく関わっている気がしますね。ヨーロッパの自由の概念は、実は必然なんですね。偶然な自由というのは恣意《しい》的、アービトラリーであって、そんなのは自由じゃないと。だからヨーロッパの道徳論では、自ずからやっていて、それが法則どおりになるというのが自由。カントなんかでも、自分がやりたいことをしていて、自ずからそれが道徳法則に合うような生きかたができたときに、いちばん人間は自由だと言って。実は自由というのは必然にのっとるというところがあるんです。日本の自由の概念というのは、行き当たりバッタリのことがあって、偶然を孕み込んで自ずからかたちをとったものが、本当の融通無碍《ゆうずうむげ》の境地というか、自由の境地という。偶然というものを最後まで孕んだまま、しゃあないやんかとやってるうちに収まってしまうという。そういう自由の概念の違いというのをふっと思い出しました。

河合——これは大江健三郎さんとしゃべったときに言ってたんだけど、今の文学って偶然を嫌うんですね。しかし昔はそうじゃないですよね。どうしようもない偶然が多くて、ふっと気がついたらこいつ金持ちやったとか、そういう書き方多いでしょう。今そういうのは絶対喜ばれない。きちっと必然的に。変なこと起こっているようでも、必然性がある。そういうのが今の文学。でも、もし、僕がクライアントと会って、その人がよくなった話をずっと書いたら、皆偶然が多すぎると言うと思う。偶然があるから、治ってるんですよ。そんな偶然、と言われても、あったんやからしょうがない。これは真実であると。そういう点からすると今の小説は、あれは皆空想科学小説ですね。つまり、皆必然で起こるという科学的なアイディアでつくってるから、リアリティを書いてない。もしリアリティを書いたら、僕らがやったようなことで、それは途方もない偶然の結果を書くことになる。

鷲田——面白い、それは。ヨーロッパの概念ですごいなあと思うのは、幸福という概念でね。ハッピネスとかラッキーいうことですね。あれはどっちも運なんですね。ハプニングのハプですから。幸福というのは運がよければ手に入るという、結構そういう感覚で捉えられていたのに、だんだん幸福は、自分が作品のように努力してつくり上げたご褒美《ほうび》であるような、つくり上げるものになってしまった。家庭でも、幸福な家庭をつくる、というイメージでやっていったら、実はだんだん幸福から遠ざかっていく。

私は去年幸福論を書かされて(「幸福と所有——消えた二つの主題」岩波講座

世界歴史28『普遍と多元――現代文化へむけて』、岩波書店)、改めて考えて不思議だったのは、一九世紀までのヨーロッパの道徳論って、全部幸福がベースなんですよ。人は幸福になるために生きる、幸福だけはだれも否定できない、最高の善だと。それに至るためにはどうしたらいいのかと、幸福をベースにしたものだったんです。もちろん一方では旧約聖書的な、掟《おきて》の道徳もあったんですけど、人間の価値を考えるときにはいつも幸福という視点だったんです。二〇世紀というのは、幸福論の思想の書物は一冊もないんです。あれは本当にびっくりしました。

不幸論はあるんです。シモーヌ・ヴェイユみたいな。幸福論は、アランなんか書いていても、あれは断片ですから。本当に一九世紀で終わっているんです。それはもしかして、幸福というのは皆つくらないといけない、つくり上げる作品としての幸福にイメージを持っていったからであって、昔の人のほうがむしろ、今先生がおっしゃったみたいに、偶然を孕んで、たまたまこういうふうな、という感覚をもっと持っていたんじゃないかと思うんですけどね。今の人がハッピーとラッキーの区別がつかないのと、ちょっと違うと思います。つまり自分で幸福というものをイメージしにくくなったから、運がよけりゃ手に入るというだけの意味になっているんですが、昔の人は、運とか、たまたまということの中に、自分を超えたものとの関係の中ではじめて成就するものを思い描いていて、自分で完結してなかったと思うんです。今は自分とか家庭とかの中に完結する作品のように考えますね。

河合——それはよくわかりますね。僕らの仕事はその逆ですね。努力とか、完結しようとせずに、そんなのやめなされと（笑）。そういうことをやってるんですね、だから、こんなこと言いますよ、あなたは常識で考えるかぎり、治ることありませんって。しかし偶然ってことがあるから、一緒に待ちましょうって。努力している人というのは、偶然が来ても見えないんですよ。

鷲田——先生の「ゆるみ」みたいなのもそうですよね。ゆるませてあげる、ゆるみやすくしてあげる。それも通常は面接の初回の心得としてよく語られますけども。

河合——それはたしかに会ってて皆感じるんじゃないでしょうか。自分はしっかり聴いてほしい思って来るのに、こっちはほんまゆるんでるから。

鷲田——身を乗り出して聴いたらあかんのですね。

河合——そういうときもあります。真剣に。

鷲田――関心を持たれるということが患者さんにとって大事。

河合――それは大事です。

鷲田――私、先生と向かっていろいろじっくりお話しさせていただくのは今日がはじめてなんですけど、実は、先生の長男でやはり心理学者の俊雄さんとは面識があります。あるとき彼がふともらしたことばに目からウロコが落ちました。と言いますのは魂の話で、私はずっと、心とからだの関係を哲学史の中でいろいろ勉強してきたわけです。心とからだの関係があって、魂はからだと別のところで考えてたんですけど、彼がボソッと変なこと言うんです。これはユング心理学の理論に入っているかわからないんですけど、「からだが魂ちゃうか」と。で、その中を私というのが出入りしているんちゃうかと。今までそういう発想をしたことがなかった。自分と魂をくっつけて考えるけど、自分と魂を離し、魂と身体をくっつける。

その河合君のことばと、ミシェル・セールという哲学者のことばが、私の頭を本当に切り替えてくれました。デカルト以降、ものには大きさがあり広さがあり場所がありかたちがある、でも心にはそれがない、だから心には場所はないのだ、昔から心はハートにあるとか、のどにあるのか目にあるのかとやってきたけど、本当はそんなのないんだ、という理論です。それに対してミシェル・セールは、皮膚と皮膚が合わさるところに魂があると言いました。われわれが思うに、それは考えているところにある。足を組んでいたら太ももにある。目をぐあーとあけたら、目にある。唇をかみしめたら、唇にある。魂というのは、からだの折り合わさった、自分と自分が接触するところ、そこにあって、たえず身体のいろんなところに移動しているんだと。

河合——面白いね。

鷲田——そして、それの地図を書いたのが、刺青《いれずみ》だと。つまり日本の物語絵の刺青ではなくて、プリミティブな社会の、幾何学模様の。あれは実は魂の地図を描いたんだと。

河合——すごいねえ。それはすごい。

鷲田——河合君のことばと、ミシェル・セールのことばは、今まで私は魂を避けていたんですが、こういうことばだったら、魂ということばをリアルに語れるかもしれない。それ以来少し気が楽になりました。

河合——それはすごく面白い。魂を求めてるんだけど、何をしていいかわからない者がセックスするんですよ。皮膚と皮膚が接すること。だから、セックスは意味が深いのだけど、皆それが魂のことだとわからんから、皮膚と皮膚の接触でどんなに気持ちがいいかと、全然話が別のところにいく。

鷲田――「さわる」と「ふれる」の違いですよね。

河合――モチベーションには魂の問題が入っているんですよ。だからセックスのことがやたらに出てくるんですよ。

鷲田――魂それ自体が震えてしまう。

河合――それは面白いね。

これまでで、僕は最大の誉《ほ》めことば言えると思ってるんですけど、ある波瀾万丈の女の人がやってきたんですが、とてもみめ麗《うるわ》しいお洒落《しゃれ》な人だったんです。その人は五、六年かかってよくなってきた。ありがとうございました、と御礼に来たときに、僕にいちばん最初に会ったときのことが忘れられないと。本当に不思議でしたが、先生は私の顔にも服装にも全然注意をしておられなかった、と言うんです。きれいな人がきれいな服着ているわけですからね。先生は、私の言うことにも全然注目していませんでした。そんなん全部捨てて、もし魂があるのなら、それだけをじっと見ておられました、と。

鷲田――ゾクッとすることばですね。

河合――ねえ。最高の誉めことば。その人は僕のところに来るまでに、あちこち相談に行ってるから、体験しているわけですね。そうするとたとえば、恋人の話したら「えっ」とか入っていってしまういうのであるでしょう。

鷲田――「魂を見ていらっしゃる」って、摑まれているってことですね。

河合――最大の誉めことばでしょうね。私の言ってることばに注目していなかった、というのもいいでしょう（笑）。

鷲田――でも魂には触れてくれてる。それが最初にわかるってすごいですよね。

河合――終わったからそういうふうに言えたのかもしれませんけどね。そのときはそこまで語れなかったかもわかりません。

鷲田――それは先生にとっては、ことばで受け取った以上の意味を持っていたんですね。

河合――ほんまに感動しました。

臨床における「距離」

河合隼雄×鷲田清一

哲学学とハウツー時代からの離脱

鷲田――河合先生は、谷川俊太郎さんとのご対談の中で「感心する才能」ということをおっしゃっておられますね。つまり、たとえば治療の一環として絵を描いてもらったときとか、あるいはお話を聞かれたときに、「これは何を意味するのか」などと聞くのはアホで、「ワーッすごい」というふうに感心するということがとても大事で、それはだれにでもできることではないとおっしゃっています。あれはすごく印象に残りましてね。この間、先生とご一緒したある会合の席で『幸福と偶然』という題でお話をさせていただいたときには、先生の顔がチラチラ気になって、どんなふうに聞いてくださっているんだろうと思って。

河合――感心して聞いとったんですよ。

鷲田――あっそうですか。たしかに会場の中ではいちばん「ハア、ハア」というふうに、首をいろいろ振っていただいたりしてたんですけれども。ああいう話を人前でするときに私のいちばん苦手なのが、きちっと聴かれることなんです。私がしゃべったことを一言一句、真面目にノートしている人を見てますと、ものすごく緊張してきて次のことばをいちいち考えながらしゃべるようになってしまうんですね。それですごくしんどくなってしまう。それくらいだったら、いっそのこと寝るか、外を向いててもらうほうがありがたい気がしてしまう。

私がドイツに二年間行っていて、ある哲学の先生の講義に出ていたときの話をちょっと。日本の学生にはあまりいないんですけれども、向こうの大学生は比較的年がいってます。その中で最高の学生だなと思ったのは、脚を組んでずっと編物をしてる、すごく知的な女性なんです。時々先生が気の利いたことを言うとニコッと笑うぐらいで。先生がちょっと辛口のピリッとした、いいことを言われるときだけ手を止めて、ボールペンでシュッシュューッとメモして、またニコニコして編物をしている。あのスタンスというか、あれぐらいの聴き方をしていただけるとありがたいですね。

河合――今日、僕らも編物を持ってきたらよかったね（笑）。

鷲田――本当は全部聴いてほしいと考えて百パーセント通じるように話そうとするのに、実は百パーセント聴かれることが怖いという……。

河合――それは単に百パーセントじゃなくて、ベタ聴きされるからですよ。あれ、いちばんかなわんですね。

鷲田――ベタ聴きというのは？

河合――つまり、笑うような場面でも真面目な話をしているときも、いつもベタベタ、ベタベタと聴く人がいるでしょう？　ものすごく熱心に聴いててくれるのはありがたいけど、冗談を言っても全然笑わずにジーッとノートを取られたりしたらね。

鷲田――あっ、感心する才能というのは、逆にポイント、ポイントを？

河合――そうです。ポイントでパッと動かないとね。やっぱり感心してほしいところで感心しないとね。だから、冗談なんか何も言っていないときにへへへと笑われたら、これはたまりませんね。

鷲田――でも、先生は駄洒落でポイントを外されることが結構多いんじゃないですか（笑）。

河合――ハハハ、そういうこともありますけれども（笑）。

鷲田――この間扱った「幸福」というテーマは、自分でもなかなか話がまとめにくくて。

河合――あの話の中で、幸福のことを考えたり本に書く哲学者が、二〇世紀になって急にいなくなったと言われたでしょう？　あれ、すごく面白かったですね。それから最近の傾向として、幸福論というものが急にハウツー物になっているんですね。僕はこれがすごく気になっているんです。われわれはどう考えるべきか。とても大事なことだと思います。

鷲田――なるほど。

河合――それで僕が思ったのは、学生時代のことなんです。僕の学生時代は哲学全盛時代ですよ。学生というのは哲学書を読んでないとかっこ悪くてしようがなかったんです。

鷲田――別に哲学専門でなくてもですね。

河合――『善の研究』と言えば、ウンと言わないと学生扱いしてもらえない。ほとんどの学生はあまり読んでないんですけれども、一応読んだ格好をしないといけないというぐらい哲学がはやりで、友人の家に行ったら何らかの哲学書を皆持ってたんじゃないでしょうか。そして、僕は今でもよく覚えているけど、そう思って皆の仲間入りしようと思って哲学の本を読むんだけど、難しくてわからんのですよ。それで、すごく劣等感を持ちましてね。皆すごい哲学の話をしてるのに、僕は読んでもわからないし、困ったな困ったなと思ったのをよく覚えている。そのうちに皆、偉そうに言うほど本当に読んでないこととか、読んでいる割には何もわかってないことが、だんだんわかってきて安心したんですけどね。

その時代の僕らは、実際的効果みたいなものを期待して哲学を読んだ人が多いんじゃないですかね。それまでは、要するに、日本の場合は天皇陛下の御為《おんため》にとか、そういうもので決まっていたわけでしょう？　それがバラッとなくって、そうすると、やっぱり哲学だというので哲学を読んで……でも、哲学の本を読んでもあまり幸福にならないんですね。

鷲田——はい、悩みが深くなりますね。

河合——それで皆悩みが深くなって、それでゲッソリする時代が続いたときに、そこへハウツーというのがバーッと入ってきたんじゃないか、というふうに僕は思うんですけども。

鷲田——そういう意味では、先生がおっしゃったように、あのときにはひょっとしたら、哲学が実はハウツーだったのかもしれない？

河合——いや、ハウツーを期待して読んだ人がいるでしょうね。

もう一つは、これは日本の哲学者のある程度の責任だけれども、ヨーロッパの哲学を輸入することばっかり考えてましたから、日本の現状を哲学した人はすごい少ないですよね。今は鷲田さんがやっておられるから、ありがたいんだけれども。哲学するというのじゃなくて、哲学を輸入する人が多かったから、ということもあるんと違いますか。

鷲田——哲学というのは今まで日本になくて、前回、先生が「哲学学ばっかりや」とおっしゃってましたけれども、本当に哲学学はそれなりのレベルに達して、マルクス主義とか現象学とかヘーゲルなんかは、実際に向こうのことばに翻訳されないけれども、私たちが見ていると、レベルとしては、むしろ優れている面もあると思うんです。そういう意味で、哲学学というのはしっかり定着してきましたけど、本来ヨーロッパで哲学が持っていたような意味での哲学というのは、これは本当の意味で、まだなかったんじゃないかな。

河合——僕はあの話を聴いてて思ったけど、これからどうも幸福の哲学を語る人が、日本にも出てくるのではないかと思ったわけですよ。哲学学時代がいっぺんあって、それでゲッソリして、それからハウツーになって……。ところがハウツーを言ってもだめだということが、皆わかってきますからね。まだまだわかってないけど、わかりつつありますよね。

鷲田——まだ、これからですかね。

河合——ええ。その間に日本の現状を踏まえて、幸福について思索した哲学というものは出てくるし、読まれるし、というふうになるんじゃないかなとちょっと思ってたんです。

鷲田——そこのところは難しいですけれども。昔、哲学にハウツーを期待したときには、すごく大きな物語、つまり「国家とは何ぞや」とか「社会とは何ぞや」とか「人生、生きるに値するや否や」というように、すごく大きな物語を哲学は立てますから、実はハウツーがそういうものに向かっていた。

河合——だから、あのころは学生は皆、天下国家を論じた。天下国家を論じて哲学を読んでないと学生じゃなかったわけです。それは本人たちはあまり自覚してなくて、実際は本人たちのある程度の楽しみとか趣味みたいなもので、あまり本来的な哲学ではなかったんだけどね。

鷲田——私が中学生ぐらいのときに、日本に本格的にロックが入ってきたんです。ビートルズが中学一年生のときに入ってきまして、あのとき、今でもそうですけれども、初期の曲を全部英語で歌えるんですね。でも今だから改めて意味を考えるんですが、中学生のときは意味なんか「アイラブユー」ぐらいしかわからない。ビートルズに“I Want to Hold Your Hand”（「抱きしめたい」）という曲があるんですけど、そのときは「アオナホーリョー……？　何やろ？」と思いながらも歌ってた。意味もわからないで歌っていた、そういうロックの時代がずっと続いたんですね。で、七〇年代とか八〇年代になってはじめて日本語の本当のロックがはじまって、サザンオールスターズの曲なんかを、腹から出せる声で歌えるようになったんですけど。

哲学も似ていまして、西田幾多郎の「絶対矛盾的自己同一」なんていうのは、「アオナホーリョー……」と一緒で、意味がわからなくても完全になりきって歌っているのと、ひょっとしたら近かったのかもしれない。だから、あのことばの感触といいますか、あるいは、何かすごいものを自分は摑《つか》んでいるような感触だけ、こっちの方向に行くと、そういうものを摑めるんじゃないかという感触だけがあったんですね。

河合――僕らの若いころも、哲学のことばを、そういう感触みたいなものを喜んで、ある程度やっていたんだけど、だんだん、だんだん実態とそぐわなくなってきたと言えるでしょうね。

鷲田——そうですね。つまり、そういうものに対してある種の幻滅みたいなもの、あるいは、これはどこまで行っても行き着かんわと。で「おれはどうしようか」というときに、ハウツー物というものが出てくるのはよくわかるんですけれども。ハウツー物になると、哲学の幸福論と似ているところと似ていないところがある。似ているところは「幸福とは」とバシッと言ってくれないと落ち着かないという、それこそ「臨床の知」の反対ですね。臨床の知というのは「ああ、こんなこともあった」とか「この間はこうだったのに」とか、辻褄《つじつま》の合わないところを、地べたをベターッと這うような思考法だと思うんですけど。

やっぱり哲学とハウツー物の共通点というのは、頭からバシッという切れ味がよくないと。本当の切れ味かどうかは別にして、そういう共通点がありますし。ところが、他方で、哲学とハウツー物の違いというのは、ハウツー物というのはものすごく小さいところで確実なことを言いますよね。これのためにはどうしたらいいか、あれのためにはどうしたらいいか。

河合——それでハウツー物のほうが考えることは少ないですからね。考えなくてもできますというね。

鷲田——そうですね。そうすると、哲学からだんだん離れていきますね。

河合——まったく離れていきます。

鷲田——でも、今はまたそれを潜《くぐ》り抜けて、ハウツーということはそんなスカッといくもんじゃないと。

河合——皆ちょっとわかり出してきたか……でも、まだそっちに揺れてますね。やっぱり本でもハウツー式で書いたほうがよく売れますからね。これはアメリカの影響も大きいですけどね。

鷲田——そうすると結局、今もう一度ハウツーを潜り抜けて「幸福って何だろう」と考えるときに、昔のそういう大がかりな、岩盤を割るような物語も信じないときに、一体どういうふうな幸福論が可能なのかという問題が出てきます。だから最近、皆さん「幸福」ということをいろいろ考えようとなさっていますが。

河合——この間、「文藝春秋」が「幸福」についてアンケートを取って……僕は答えませんでしたけれども。

鷲田——「答えません」と答えられたんですか。

河合——僕は全面コウフクしたんですよ。「降伏（=幸福）しました」って（笑）。もう書かなかったんです。

鷲田——あれ、私も原稿を書いたのでパラパラ見てたんですけれども。不思議なのは、正直言ってゾクッとするのがやっぱりないですね。原稿用紙五、六枚のものですから、結局ズバッと切ろうと思うと、昔の哲学的なものかハウツー物に近いかたちになる。だから、ベターッと這って、しみじみともう一度幸福を構想するというのは、なかなかあの枚数ではやっぱり難しかったですね。振り返ると、一九世紀は幸福論が本当にピークだったんですね。

河合――そのころは幸福の幻想もあったんですよ。要するに、人間がここまで強くなってきて、人間がこれだけ深く思索することによって幸福が摑めるんじゃないかというふうに、皆思ったんじゃないですか。ところが、おっしゃったように、出てくるのは戦争とか、まるきり違う逆のことがいっぱい出てきて。二〇世紀はそうでしたね。そして、そういう方法では、皆がもうだめだと思うようになったんだけれども、幸福のことを考える人、あるいは幸福の話は聴きたいという人は、今でも多いんじゃないでしょうかね。

鷲田――一九世紀がそのピークだったんですけれども、ピークであると同時に、幸福論の虚しさみたいなものも同時に一九世紀に現れていたような感じがするんですね。つまり、真面目な幸福論のほうは、功利主義なんかが最大多数の最大幸福なんて言って、いわゆる社会全体の幸福量を設計していこうという思想でしたけれども、他方で、すごいアンニュイな気分がありましてね。たとえば、これは二〇世紀に入ってからの作品ですが、メーテルリンクの『青い鳥』というのは、幸福は結局、よそにいくら見つけてもだめだぞと言って、帰ったら、実はもっとも身近なところにそれはあった……。これは、そんなに輝かしい幸福のイメージではないですよね。

それをもっとストレートにしたのがボードレールですね。ボードレールにしては珍しく“Any Where Out of the World”という英語の題の詩があるんです。三好達治がうまいこと訳してて「この世の外ならどこへでも」というんですけれども、これはちょっとシニカルなんですね。病人はだれでも違うところで療養したら、違う場所に行ったら、もっといい生活になるだろうと思っている。たとえば南洋に行ったらこんなふうになる、別のどこかに行ったらこんなふうになるというふうに、皆が「ここではない場所に行けば、きっと何かが変わる」と思っているけれども、そんなものは結局どこにもなくて、人は結局「この世の外ならどこへでも」と。つまり、この世の中ではよそを探してもだめだという。そういう幸福を求めて、最後は、この世の中では場所を変えても無駄だということがわかって、「この世の外ならどこへでも」としか言えなくなるという散文詩ですが。そう考えると、幸福論の不可能性もひょっとしたら一九世紀には意識されていたのかなと思ったりするんですけども。

河合——うん、うん。

鷲田——写真もそうですけど、科学や芸術、絵画の問題にしても、私たちが二〇世紀の問題と考えているものは、ひょっとしたら一九世紀の中に全部芽があるのかもしれませんね。

ただ、この間申し上げたのは、わかりやすい話のほう、つまり、二〇世紀の幕が開いた途端に世界戦争があり、要するに、これまで考えられなかったような大量殺戮《さつりく》とかアウシュビッツの経験とかがあって、人間はついにみずからの幸福の可能性を楽観できなくなった……人間性自体がダメージを深く受けた……それはわかりやすい理由だと思うんですけど、幸福論のモノサシが変わってきた理由はどうもそれだけではないような気もするんです。

河合——ええ、ええ。

鷲田——昔の哲学は宇宙とは何ぞやとか、人生とは何ぞやとか、いつも全体を見渡すような知というものを求めていたように思うんですけれども。そういうこと自体が不可能になってきている。そして自分の小さな、たとえばどんな家が持ちたいとかどんな奥さんがほしいとか、老後はどうしたいかとか、どんな思いで暮らしたいとか、非常にプライベートなところでしか、幸福をイメージすることができなくなっているというところに、一つ理由がありそうな気がするんですけど。

河合――同じことをちょっと違う言い方をすると、そもそも昔の青年、つまりわれわれが天下国家を論じてたというのは気宇壮大みたいだけれども、まったく幻想の中に生きてたということですよね。いくら論じてたって何もできなかったんだから。天下国家を論じられるという幻想の中にただ浸っていただけで、論じてみても何にも役に立たないということが、今わかってきて。そうすると、本当に自分の生きている世界で「自分が幸福とはどういうことか」とか「自分がおいしい水を飲むにはどうしたらいいか」というようなところに近づいてきたというのは、ある意味で言うと「各人が自分相応に考え出した」という言い方もできますね。昔の青年は、ある意味で逃げていたわけですよ。

鷲田――逆に壮大なほうにですね。

河合――気宇壮大みたいに見えるだけで、本当は現実から逃げていた。それこそ「末は大臣か大将か」というわけで、なるはずがないのに皆そう思ったりしていた。それが今はもっと「自分の現実の中で幸福に暮らすとはどういうことか」というふうに考え出したときに、今までの哲学のスケールが大きすぎたから、もういっぺん現実に立ち返って哲学をするということが大事だということかもしれませんね。

鷲田——確かなものの水準とか規模が変わってきた？

河合——そう、そう。

ボーダーレス化した大人と子ども

鷲田——先生がよくご本で書いていらっしゃるイニシエーション＝通過儀礼とか成人儀礼というのがありますけれども、そういうイニシエーションが明確に存在する時代というのは、まずいったん終わって次の段階に行ける「人生の節目」というのが、単に観念としてではなくて、本当に痛い思いもさせられて現実に存在しましたですよね、昔は。ところが私たちの今の社会というのは、モラトリアムと言うとえらく通俗的ですけど、いったん終わって次のステップへということが、いつまで経っても起こらない。

河合——ない、ない。

鷲田——私は戦後生まれなんですけれども、戦後生まれの人間というのは、ひょっとしたら五〇歳になっても、まだ自分が大人か少年少女なのかわからないようなものを抱え込んでいて、自分の少年少女時代ということを処理できないままに、何かおどろおどろしいものを感じつつ、五〇歳を超えてしまったというところがある。ちょうど私の世代は少女漫画というのがドッと現れた時代で、彼女たちも、少女であること自体をグーッと掘り下げて、その怖さみたいなものを掘り下げていくというのを、やっていましたね。

河合——うん、うん。

鷲田——前に岡山大学の大学院で、二三歳から二六、七歳の院生一三人に質問したんです、「自分を大人だと思う人?」って。そうしたら一人だけが「たぶん」という感じで手を挙げたんです。おかしいなと思って、残り一二人に「子どもだと思う人?」と言ったら、全員迷いなく手を挙げるんですね。

河合——ほう、ほう。

鷲田――二二歳以上で、一三人中一二人です。香山リカさんに、そのことをちょっとお話ししたら、香山さんも、たまたま自分もよく似たことをやったとおっしゃるんですね。ある高校で「自分は若くないと思う人？」と聞いたら、ほとんどの子がハーイと元気よく手を挙げたんだそうです。

河合――面白いね。

鷲田――「ずっと子どもだと思ってる」ことと、「もう若くないと思っている」ことが並存しているんですね、論理的には矛盾しているけれども。

河合――そうです、そうです。よくわかりますよね。

鷲田――香山さんは高校生、私は大学院生に問いかけたんですけど、そのあとじっくり自分自身のことを考えて、はたして自分は大人だったのかな？　と。

河合――だから、高校生のところに行って……。

鷲田――「もう自分は若くないと思う人？」って聞いたんです。

河合――たくさん手を挙げたでしょう？

鷲田――はい、はい。

河合――今度は、五〇歳ぐらいの経営者のところへ行って「私はまだ若いと思う人？」と聞いたら、またバーッと手が挙がりますよ（笑）。

鷲田――年寄りと子どもの精神年齢が逆になってるんですね（笑）。

河合――そう、そう。実際にそう思いませんか。

鷲田――経営者だったら、そう言うでしょうね。というか、願望も含めまして。

河合――含めて、ちゃんと挙げると思います。

鷲田――幸福をイメージできないということと、若い間に、ほとんど一〇代でもうすんでしまったような感覚を持つということとはどう……。

河合――僕の考えでは、一人の人間は自分の中に老若男女ほぼすべてを持っている。可能性としても、皆持っている。けれども、その中の「あなたはこれを」「あなたはこれを」というふうにちゃんと決めてもらうと、社会の秩序はきれいに成立するでしょう？　昔はそっちのほうの観点が強かったから、だから皆箱に入れられていったわけですね。「あなたは大人です」と。その大人に入れる方策がうまかったわけですよね。実際にイニシエーションの儀式があり、こうこうですと。そうすると、昔は子どもからいったん大人になると、子どもには戻れない。

鷲田――あっ、逆に……。

河合――もうなれない。決められているわけだから。だから男になった人は、もう女になれないわけですね。女になった人は男になれない。しかも、そのときに「男らしいとは何か。女らしいとは何か」というのは全部規定されているわけです。だから、一人ひとりの人間をちゃんちゃんとかたちをつけて、それを組み合わせて社会の秩序というのを構成していたんですね。それが昔の方法でした。今はそれをやめよう、と。個人というのは、すごい可能性を持っているから、できるかぎり生かそうではないか……高校生でも年老いたやつがおるし、七〇歳でも若々しいやつもおるし……。そういう意味では、僕はものすごく面白くなったと思っています。ものすごく面白くなったということは、それによる大混乱が生じるということを知っていないとね。

鷲田――そうなんです。その面白さがわかる手前はかなり悲惨なことというか、苦しいですよね。

河合――そう、そう。だから、そこを皆よく心がけて、そして「私は社会のこういう場面においては七〇歳として振る舞う。ところがこの場面では三歳に帰るんだ」という、そういう認識がきれいにできていたら、これはうまくいくんです。

鷲田――なるほど。

河合――ところが、その認識がむちゃくちゃでしょう？　だから、皆、七〇歳の人やと思ってるのに、急に五歳の子どもが出てきたりするわけですよ。今、実際そうでしょう?

鷲田——「気持ち悪い」ということになりますね。

河合——それで大混乱が起こっているわけですわ。それは、しかし昔よりは個人の可能性を生きるという点では、非常に自由度が高くなったんではないかと思ってるんです。だから、僕は、自分としては「大人であるか」と言われたら、「結構大人です」と言うけれども、そしたら「子どもではないか」と言われたら、結構子ども的なところはいっぱい持っているわけだし。

鷲田——よくわかります。

河合——だから、それをどのように生かして、どの場面で、どうかということを認識する必要がある。皆が認識せずにそれをやったら混乱が起こるし。その混乱が今ものすごく起こっているわけでしょう。そういうふうに考えたらいいんじゃないでしょうか。

鷲田——なるほどね。この間、朝日新聞に、一九九五年から九九年までに殺人で検挙された人の年齢の統計が出ていまして、特に一九九七年あたりから、トップの座が二〇代から五〇歳直前に替わったんですね。この五年間でもっとも多く殺人事件を起こした年齢が四九歳、二位が四七歳、三位が四八歳、四位が四五歳というのです。

河合──それを知らない人が多いでしょう?

鷲田──イメージだけでは少年がいちばん多いと思っていたりね。

河合──そう思ってたら大間違いですよ。

鷲田──そう考えてくると、昔、石川達三にも『四十八歳の抵抗』というのがありましたけれども、ずばり寿命が延びたと言いながら、抵抗している年齢が四九歳で、一歳上がっただけなんですよね。どうしてなのかな、と思いまして……。

河合──それが第二の思春期なんですよ。

鷲田──いや、私もそう思ったんです。

河合──思秋期という言い方もあります。

鷲田──そう言いますね。私は数年前に四九歳を超えました。

河合──ああよかったですね。殺人せずに来て(笑)。

鷲田──いや危なかったかもしれません。で「あの年って、私にとって何だったんだろ」と思ったんですけれども。やっぱり五十肩になったりとか、そういう身体の面でも、それから仕事も何でもかんでも食いついてやろうとか、どことでも負けんとこうとか、いろんな思いがあったんですけれども。それがだんだん、一つずつ「これはやめておこう」、「これはこれだけにしよう」というふうになっていく。「あれもできなかった、これもできなかった」というふうに、五〇歳前ぐらいにできなかったことがどんどん増えていった。どうも四九歳というのは「これ以外は無理なんだと諦める前に、もう一回だけ最後の駄々をこねる」。それが人によっては蒸発になったり、人によっては突然の退職になったり、人によっては殺人と。

私は、この最後の駄々を「ネオダダイズム」とか「ラスト・ダダ」と名づけたんです。先ほどの思春期、成人儀礼というのは、ある意味で子どもであることを終わらせるものだとしたら、今は五〇歳直前にやっと人は本格的に何かを終わらせようとするのかな？　でも駄々もこねる……。もう一回だけという感じで。そんなふうに捉えたんですけどね。

河合——いや、そのとおりだと思いますよ。そういうことがあまり認識されてなくて。それから、今は自殺のピークもそのへんの年齢にきましたよね。自殺年齢がいちばん多いのはそのあたりじゃないですか。男の場合、特にそのへんがピークだと思います。

鷲田――実際は老いてないんですね。本当に力をなくしたら自殺するのもしんどい。

河合――本当に元気のない人は自殺する元気もないですよね。ちょっと元気が出てきたらされますけど。

鷲田――最後のカラ元気をそこでワーッとやるんですかね。

河合――だから、そのあたりは自殺が多いです。もちろん、高齢者の方で自殺されるのは昔からあったけれども、皆弱ったら自殺するなんてことは関係ない。本当に弱かったらされませんしね。

鷲田――先生は、これまでのご生涯で何歳ぐらいのときに自殺のこととか考えられましたか。

河合――僕は珍しい人間で、自分で自殺というのを考えたことはないですね。

鷲田――少年のときも？

河合――小さいときから、ともかく死ぬのが嫌でした。でも、人殺しも好きじゃなかったですね。人を殺すということも出てこなかった代わりに、自殺というのも全然念頭になかった。ものすごく珍しい人間ですね。死にたいと思ったことは一度もないですね。

鷲田――はああ。そう言えば先生、どこかで「自分は幸福な家族の下で育った。幸福だらけの家族だった」とはっきり書いていらっしゃった。私はエーッと驚きましたけど。

河合——一般的な意味で、それは言えると思いますね。

鷲田——でも、またある意味で「心がもつれたり、屈折したり」ということばが先生から聞かれるというのは？

河合——それは「いわゆる幸福な家」だったということですね。いわゆる幸福な家で幸福に育っても、悩みが何も少ないことはないのです。それは関係ないですね。それも、あれはうちの兄貴が言ったと思うんですね。兄貴も「うちは幸福な家や。幸福な家に育っていても悩みが減るわけではない」とか「どんな幸福な家におっても、家は飛び出たくなる」というようなことを言ったことがあって、僕はへエーッと思って、なるほどなと思ったのをよく覚えています。それは関係ないんですね。

鷲田——はあ。

河合——だから、一時は「幸福であることが恥ずかしい」という気がものすごくありました。あるいは「申しわけない」というか。自分はほとんど不幸なことを体験していないから申しわけない、というような気持ちになっていたこともありますけど、今はそういうものは全然ないですね。

鷲田——それと昔は「ヒロイックに不幸になれる」ところもありましたしね。病気しないと、作家として許されないみたいな。

河合——そう、そう、堕落しないとだめみたいな雰囲気にね。

鷲田——そう言えば、先生がさっきおっしゃった成人儀礼というか、社会のはっきりした人格の型みたいなものが、逆にたとえば男が自分の中の女性性を出したり、おじいさんが自分の中の少年性を出すというようないろんな人間の可能性をギュッと抑えつけるという意味では、それは一種の抑圧であって、今はそれが外れつつある。ということは、ある意味ですごく人間を豊かにすることだけれども、その前の混乱状態というのが今あるという……。

河合——今、その混乱状態ですね。だから、自由度を広くするということは絶対に逆のほうがないと、バランスが取れてないとだめなわけでしょう？　……規約とか規則とか。規約と規則がなくなって自由になったら何も面白くないのに、今は、皆はともかく抑圧を取っ払って自由になったことのほうがうれしくて仕方がないから、規約・規則で型にはめることのほうを忘れている人が多いのと違いますか。

鷲田――それは大人のほうじゃないですか。

河合――大人です。

鷲田――そうですね。抑圧というか、型があるときにはそれを外すということは本当に自由な感覚があると思うんですけど、それは、むしろ四〇代とか五〇代の人にある感覚で。だから、今の四、五〇代の人たちは、昔の成熟した男性のイメージとずいぶん違うんです。無責任なところもあるし、違うんです。若い人にとっては、むしろ自由になったという感覚よりも、そういう枠というのがない社会にいきなり生まれてくるということは、逆にすごくしんどいんじゃないでしょうか。

河合――だから、今の若者は昔の若者よりもはるかにしんどいと思いますよ。

鷲田――悩みが深いですよね。

河合――今言った中年の苦しみの話なんかを、われわれユング派の者はよくするわけでしょう？　アメリカで大学の先生をしている僕の友達が、中年の苦しさ、四九歳の抵抗の話を学生にしたら、学生が全部「先生、それはわれわれのことです」と言ったそうですよ。

鷲田――アメリカで、へえー。

河合——だから、もう四九歳の悩みは若者もやっとるというわけです。わかっているわけですね。

鷲田——もう若くないというのは、このことですか。

河合——だから、今は生きるのが大変ですよ。

鷲田——自由というよりも、若い人だったら、何もこの世には決定的なものがないという……。

河合——なくて、重荷のほうがドーンとくるわけですよ。その中でも、自分の筋道みたいなものを割にスーッと行けとる人間もいます。つまり、受験して何々大学に入ったらいちばんやと思っている人間は、青年期における「中年の悩み」などと関係なく何も悩みなしに行けるんですよ。ところが、今僕らが言っているようなのに摑まった高校生や大学生は、もう引きこもるよりしようがないわけですよ。何もできなくなりますよ。だから悩みなしに行けてる人間は、スイスイッと行ってるんだけれども、若いときに、今僕らが言っているようなのに引き込まれた人は、昔の学生には考えられない、しんどさの中に入っていると思います。それが、いわゆる無気力などと言われるのです。

現代社会の成人儀礼《イニシエーション》

鷲田――ピアスって、先生ご存じですか。今は皆ファッションで「人がやっているから私もしないと恥ずかしい」みたいなところがあって、この一点に賭けるというようなことはなかったですけれども。八〇年代にあれが出ましたときは、皆ギョッとしたんですよ。耳にペンチで穴を開ける。しかも何でもそうですけれども、最初にやった人がいちばんラジカルで、それで八〇年代は「すれ違ったときに、耳の穴越しに後ろの風景が見えないとピアスとは言わない」というぐらい重いもので、ビューンと穴を開けた人がいきなり登場したんですね。あのとき、私はものすごいショックを受けましてね。というのはまず「あんだけペンチで穴を?」と、感覚としておぞましい感じがしたんです。実は私は前に服飾の歴史なんかも調べたことがあって。そしたら、からだに穴を開けるとか切るというのは、日本では縄文時代以来のことなんです。二〇〇〇年近い空白がある。アウトローの人は別にして。古墳時代以降は金属を身に付けるとかいう習慣が全然ないんです。縄文の人なんかは、かなり大きなピアスもしてましたしね。

　現象としてはものすごく表面的というか、些細なことかもしれないけれども、このピアスというものには何かすごい歴史的な意味があるんじゃないかと、そのときに考えました。ひょっとして、あれは大人がいつまで経っても自分らに成人式をやってくれない。つまり、もう終わるんだということ、「お前はここで子どもを終わりだぞ」ということを言ってくれないから焦《じ》れて、子どもが「大人は関係ない。おれはおれで一つの終わらせることをする」という、そういう子どもが自分でやる成人儀礼かなと思ったんです。

河合——それはだいぶあるでしょう。

鷲田——あのころだったら、開けると周りの大人がものすごくきつく攻撃するんですよ。「だれのからだや思うてるの」という感じで。そしたら、子どもは「僕のからだや。あんたのからだやないんだ。だから、僕のからだだから、自分がどうしようと自由や」と。

河合——ある意味で「どこが悪い」と、こう言うわけですね。

鷲田――だから、今、本当の意味で豊かさを手に入れる前のしんどい時代にその渦中にいる人の中には、自分でそういうふうに痛い思いをしてでも、成人儀礼に代わるものを自分で設定してしまうというかたちで対応している人がずいぶん出てきているのかなと思うんですね。

河合――それは要するに、成人儀礼がなくなってから、あらゆるかたちで出てきているいることです。いろんなかたちでね。たとえば暴走族なんかもそうですね。

鷲田――暴走族もそうですか。

河合――あれは命をかけているわけです。どこかに命をかけないと儀式にならないんですよ。だから、若者は何とかして命がけのことをやるわけですね。何でもはやってしまったら儀式の意味がなくなります。だから、最初の援助交際なんかでもそうですよね。それと同じことですよ。「何が悪い。私の体やないか」と言います。つまり、「私の物だ。私が痛めつけてどこが悪い」という。それは耳に穴を開けるのも一緒です。要するに、本当の儀式がないから、皆それなりに下手な儀式を模索するわけですね。そのときに、儀式としての自覚は、もちろん皆ないんです。それをやらざるをえないのです。だから、そういうふうな人たちに会って、本当の心の儀式をやってもらうのが、僕らの仕事みたいなものですよね。

鷲田——その場合の本当の儀式というのは、先生、具体的にどういうものでしょうか。

河合——それは本当に心の中でピタッとわかったら。「あっそうだ」とわかったら、そんなことしなくてもいいわけですよ。

鷲田——なるほど。それが目的ですものね。

河合——だから「そうだったのか！」ということがわかったら、あんなばかなことする必要はないですね。もう一つは、僕らは夢を見るから、夢の中で儀式が起こりますよ。夢の中で死ぬ人がいますけれどもね。それから、夢の中で父を殺すとか母を殺すとか。

鷲田——殺すことで自分が生き直すという。

河合——つまり、夢の中では昔からの儀式がいろいろできるんですよ。それを、その人は「何でこんな夢を見たんだろう」と言う。「それは昔からちゃんとこういうのがあるんですよ」と話すと、すごくびっくりするわけですよ。それは非常に面白くて、まさに夢の中で歯がポーンと折れた夢とかを見るでしょう？　これは成人式で歯を折るんやというような話をしたら、へぇーっというようなものですよ。

だから、今、個人主義の世の中ということで社会全体としての儀式はなくなっている。ということは、楽になったように思うけど、個人に対する責任はものすごく重くなってくるでしょう？　そうすると、個人の皆が自前で儀式をやらなければならない。すごい時代ですよね。

鷲田――その昔、たとえば西田哲学にかぶれたというのも、一種の集団で……。

河合――あのころは、集団である程度儀式になったわけですね。それがだんだん、だんだん、皆やめてきて、個人になってきて、そして個人で儀式をやるのを知らない人は、いつまで経ってもウロチョロ、ウロチョロしているわけですよ。

鷲田――なるほど。比叡山でのあるセミナーで、名誉棋聖の藤沢秀行さんが「いまだにスッテンテンで、博打《ばくち》で借金抱えていて」とおっしゃってましたけど、先生のおっしゃる大人になることの難しさの例が、昔読んだ先生の本の中に出ていて。自分でバランスを取り自分を回復するために、博打で一度スッテンテンになるというかたちで自分を調節している人たちがいると、すごくポジティブに書いていらっしゃった。あれをふっと思い出したんですけどね。

河合――本当にそうです。だから、それを割と意識して自分で面白い儀式をやっている人もいるけど、知らずにやってしまったらすごく近所迷惑でしょう？　その人が命をかけてやるからね。かと言って難しいんだけれども、ある程度はむちゃくちゃやらんと儀式にならないしね。

鷲田――ゾクッとくるものでなかったら、ですね。

河合――そのゾクッとする体験というのは、こっちは絶対に教えられなくて。ところが、下手にゾクッと来たら死んでしまいますからね。それでもやっぱり儀式の本質はどこか命がけというところにある。それが今や、全体としてふつうに生きているかぎり、命に何も関係なくなっているんです。命どころか、本気にならなくてもずっと生きておられますからね。昔の人やったら、食うだけでもちょっと命をかけたりしてたんだけれども。

鷲田――そうですね。今は食わないと死ぬ時代でなしに、食うたら死ぬ時代ですからね（笑）。

河合――そう、そう。だから大変なんですよ。拒食なんていうのも、それを考えるとよくわかりますよね。あれもまさに命をかけてますからね。

鷲田――自傷行為などもそうですね。要するに、自分をギリギリのところまで追いつめる――。それはある意味では、自分を求める絶望的な努力とも言えますよね。

河合——それは絶対にある。皆そうです。だから、その努力をちょっと違うほうに向けるために、僕らはすごい努力をしているわけです。

鷲田——なるほど。

河合——だから、僕らがやっているのは、自分を自傷行為で切っていた人が切るのをやめたとか、援助交際していた人が援助交際しなくなりましたとか、ということじゃないんですね。それの背後にあるものの意味をどう考えながら生きるかということを援助しているわけですよ。そしたら、そういう命をかけた儀式は結果的に要らなくなりますからね。

鷲田——でも、そのときに、先生のような臨床をやっておられるお立場としては、それをたとえば「こういうことがある」というように具体的に教えられるようなことは、全然ないですよね。

河合——ないです。自分で気がつくまで待たないとしようがないです。

鷲田——そのときに、最初に言われた「ワーッすごい」と感心するというのは、自分で気づこうとしている人を応援しているわけですか。

河合——やっぱり待っているだけですね。それと、生命に何とか別状がないように、と考えますよね。たとえば暴走族の子だったら、親にこんなふうに言ったことがあります。「お宅の子どもさんは、最近暴走大学に入学されて、その学資は出してください。卒業まで出してください」。そう言うと、親としてもむちゃくちゃな怒り方はしない。ところが、出て行くときに親がワーッと言うと、カーッとなってるときはむちゃなことをして死んだりするわけです。つまり、一つ変なことが入ったために、人間ってむちゃするわけですね。そのときに親がちょっと「暴走大学ご入学」と受け止めてくれれば、子どもは暴走はしても、どこかで抑えてくれるんですね。そこが難しいんですよ。

そのときに、親に説明しすぎて「大丈夫ですよ。あれも大人になるためにやっているんですよ」みたいに言って、親が心配せんようになったら、子どもとしては走っても面白くないわけですよ。親が心配してるから、走ってて面白いわけです。だから、あまり先走りした説明もいかんのです。

いちばんその心配があるのは、自殺を予告する子どものケースですよ。「今度の五月五日に僕は死ぬ。お父さんもお母さんも、僕が学校へ行ってないなんて、もうあんな心配せんでもええんや。学校なんて何でもないんや。五月五日に僕は死ぬんやから」と言うわけですね。そうすると、僕らのところに親は飛んできますよね。「うちの子が五月五日に死ぬと言ってます！」。こういう場合、「ああ、大丈夫ですよ」なんて言うたらだめなんです。子どもはせっかく死ぬと言っているのに、親が心配してないとなったら、やっぱり「やらな、しゃあない」となってしまう。それはそうでしょう？　心配されなかったら、これはやるしかないですよ。親がウロウロ、ウロウロするから、言った意味があるわけでしょう？　だけど、実際はやらないんですけれどもね。その程度がすごく難しいんです。

鷲田――そうでしょうね。

河合――子どもが「五月五日に死ぬ」と言ってるわけで、親に「それは大変ですね。一緒に考えましょう」と言ったとするでしょう？　すると、そういう親は「あの先生は頼りにならない。ならない。考えようとか言うてはるだけや。それでも心配で心配でたまらない」と考えて、その親はもう僕のところへ来なくなるわけですよ。それで、どこか拝み屋さんみたいなところへ行って「大丈夫です。私が拝んだら絶対に治ります」などと言われたら、そっちに行ってしまう。それはまた困るわけですね。

鷲田――なるほど。どっちも困るわけですね。

河合——だから「こっちへつながっていながら、心配する」という程度の関係が大事なんです。それがものすごく難しいわけですよ。人によって全部違いますからね。だから「この人の場合は、ここまで言わないとまずい」とか、それはその時々の判断で変えていくわけですね。そのときに単純に安心させたほうがいいとか、それから、心配させるほうがいいとか、そういうセオリーだけではだめなんです。そのへんが現実にはものすごく難しい。

人と人の距離感をどう取るか

鷲田——ケアとか看護といったシーンで、いちばん難しいけれどもいちばん大切なのが、「距離」でしょうか。密着しない、しかも離れすぎない「距離」……。

河合——それは本当にそうだと思います。

鷲田——看護師さんなんかでも、一生懸命な人ほど患者さんに密着するあまり、その気持ちに近づかなければならないという強迫から、いわゆる共感疲労になったり。

河合――それから、よくあるのが、恋愛と間違われて失敗してしまうケースですね。だからといって、突き放すこともできない。その人間と人間の距離感覚みたいなものが難しいですね。

鷲田――医学では基礎医学、臨床医学というのがありますけれども、基礎と臨床ということを、ことばで言うとすると、ある意味で基礎というものでは、現実に目に見える現象の世界から距離を取って、目にはこう見えているけど実はこういう法則でこうなっているんだよ、というような距離の取り方をしますよね。

河合――それは近代科学の場合は、きれいに完全に切るわけですから。

鷲田――切るという距離の置き方ですね。

河合――切ることによって学問を成立させたんですから。それはしかし、また大成功したわけですね。それだけでなくて、今度は医療になってきたら、それは全然違ってくるんです。

鷲田――だから、今度はその距離というのは切れない距離というか。

河合――そうです、そうです。

鷲田――その距離ということが、実は本当は臨床における距離というのは基礎の距離よりもはるかに方法論で身に付ける、つまり、この方法論を学んだら、皆同じように距離の取り方がわかるというんじゃないやつですよね。たとえば臨床心理学でもそうなんでしょうか。つまり、先に方法があって、臨床心理学ではこういう方法でやります、あるいは、患者さんの前ではこういう態度を取りますという方法論をやってから、じゃ現場でというわけにはいかない？

河合――いちばんいかないです。それが臨床の一つの定義でしょうね。それは臨床、何学でもそうじゃないでしょうか。経済学でもそうでしょう。経済学でも方法論を確立したら、すごい経済学ができますわね。

鷲田――でも、経済自体は全然当たらないというのが最近わかってきまして。

河合――このごろバレてきたでしょう？　そうすると、経済にもっと自分は近づいていかないといけない。しかし、入り込んで自分で博打をやっている人がいちばん経済学がわかるかと言ったら何もわからへんですよ。そうすると、どうやって経済に接近していくかというところのことも考えながら、やっていく経済学が臨床経済学ですよね。だから、今までの、いわゆる学問体系というのは、まず方法論が明確であって、方法論によって皆を安心させて、つまり「私はこういうことをしているから、結果はこうなんですということをわかって、その結果、こういう答えが出ました」と言うと、皆安心したわけでしょう？　それと違うことをやっているんですよ。だから、私の考えでは、今までのアカデミズムの世界にいちばんはやらないものでしょうね。

鷲田――逆に学問というものが、ある時代の中で、あるいは、社会の中で持つ意味を考えたときに、実はこれからいちばん大事になる知ですよね。

河合――しかし、今鷲田さんが言われたように、そのときに、そういうことをはっきり言っておかないと、それを今までどおりのアカデミズムの判断からすると、そんなものは全然価値がないということになってしまうわけです。あるいは、むちゃくちゃになってしまうわけですね。方法論も確立していないのか、ということになってしまうでしょう？　だから、そこのところはちゃんと言って、やっていくことをやらないと。それが、これからすごく大事だと僕は思ってるんです。

鷲田――今ヨーロッパなどでは、「ソクラティック・ダイアローグ」という運動が起こりつつある。つまり、自分の中で反省する哲学ではなく、人と対話する中である論理を紡《つむ》いでいく、そっちのほうに哲学の軸をもう一度移し直そうという運動がありまして、私の同僚で臨床哲学の研究室の方がやっています。これはケッサクなんですけれども、学者の間でやるのではなくて、企業へ行ったり、いちばん面白いのは刑務所へ行って、それこそ幸福論なんかをディスカッションするわけです。刑務所なんかではすごいうまくいくらしいです。皆真剣だから。

それを日本語でもやってみようかということで、そのときにこんなルールを設定したんですね。ものすごい単純なルールで「人の話を最後まで聴くこと」「偉い哲学者の名前をいっさい出さないこと」「ダイアローグの最初は自分が体験した具体的な事例を素材にしてやりはじめること」。一〇人ぐらいでやるんですけれども、だれかが自分が気になっている体験について、「自分はこんなことを経験したので、こんなふうに思っている」と言ったのを、それを材料に皆が話し合うんです。絶対に哲学者の名前は出さないで、とにかく自分たちのことばを抽象していくというところを練習しないと、つまり自分の身に付いた、ふだん腹から出していることばで、しかも感情的にではなく、それを論理で皆で納得しながら積み上げていくという、そういう練習をしようというんです。日本では哲学カフェと称しまして、いろんなお寺へ行ったりするんですよ。

河合――それは、われわれも同じことをやっていると言ってもいいぐらいですね。

私なんか実際に個人を相手にやっている。ところが、ある人からたとえば「父親を憎んでいる。だから、私の目標は刑務所を出たときに親父を殺すことだ」というふうに言われた場合に、どう返答するか。それは大変ですよ。そのときに「いやいや、お父さんを殺してはいけない」と言うとするでしょう? すると「先生は私の気持ちがわからないから、そういうことを言うんだ」と。「先生はのほほんと生きてはるから、父親を殺してはいけないなんて言うてはるけど、私と同じ身になったら、親父を殺すということがわかるはずや」とくるわけですね。そういうときに哲学者はどう答えるか。これは大変な問題です。

鷲田——もちろん私たちは、そういう治療的な場には全然出て行けないけれども。

河合——出ては行けないけれども、たとえば刑務所などに行って本気で話をしたら、どこかに出てきますよ。

鷲田——それはそうですね。

河合——それから「この世は生きていて面白くないから、死ぬのが第一や」という話は絶対に出てくると思います。

鷲田——私が哲学カフェというのを皆とやったりするときは、治療的な行為でやっているのではないんですけれども、他方で、皆がディスカッション、論理でいこうねということで感情を吐露しないとか、そういうこともエチケットみたいになっているんですね。治療の現場と一見違うようなんですけれども、似ているなと思うところもあるんです。

河合――それはものすごく近接してきますよ。

鷲田――はい。というのは、先生は前に「治療行為というのは話を聴くというけれども、実は聴くということは、承《うけたまわ》って、そしてこうではないですかと言うんではない。むしろその人の世界に入っていくと、実は入り込んできた人が自分に距離を取れるというような効果があって、そういう一種の自己回復力みたいなものに期待する」とおっしゃっていましたですね。

河合――はい。

鷲田――「そのときにしゃべっていることばは、聴くほうからか、話すほうからか、どっちがしゃべっているのかわからないことばにだんだんなっていく」と、前の対談のときに教えていただきました。哲学カフェをやっていて面白いなと思うのは、最初は自分の体験を吐露した人の話を中心にやっていたつもりが、皆が一応冷静に「そういう前提だったら、こういうことになりますね」とかやっているうちに、だれがしゃべったか、だれの話をだれがしているのかわからないような感じになってきたとき。そういうときはディスカッションがうまくいくんです。

河合――なるほど。

鷲田――それが聴き役と、私はこんなきつい体験をしていてと話す人と、役柄が最後まで続いているときというのは、うまくディスカッションがいかないんですね。

河合――ああ、そうですか。それは面白いね。

鷲田――そうすると、最後まで役柄が決まっているときには「結局、今日は結論は出なかった」ということになってしまうんですが、皆がだれの問題だったかわからないように、だれがこのことを言ったのかわからないようになってくると、面白いことに不満が出ない。哲学の議論ですから、「生きる意味があるか」とか、そんなものに結論が出てくるはずはありませんしね。人間には答えを出せない。なのに、そういうときは「今日の話は結論がない」という不満が出ないんです。

河合――何か皆で納得するわけですか。

鷲田――「何かよかったあ」と言って。司会者はいっさい内容的なリードをしないで、皆の話し合いに任せて交通整理しかしない。司会者は大学院生にやらせるんですけれども、真面目な学生は一生懸命「今日の話はこうで、こういう問題が出てきて」と、まとめようとするんですね。そうしないと皆に悪いと思ってしまうんです。けれどもそういう場合も、参加している人が「そんな無理にまとめんでいい」と言ってくださるんですよ。

だから、体験というのは自分の体験ですよね。そこから自分の論理を紡ぎ出すと言うけれども、むしろ、そういう自分というものが論理にもたれて、論理のほうがどこからともなくかたちづくって自分が解《ほど》けてしまったらいいというところでは、治療における聴くことと、われわれがディスカッションするということは、ちょっと似ているかもしれませんね。

河合――いや、ちょっとどころじゃない。ほとんど同じだと思います。だから、難しいんです。治療のような行為は本質的には分け隔てをしないほうがいいと僕は思っているんです。それこそ僕が教育のことをしてもいいわけだし、哲学の人がそういうようなことをやられてもいいと思うんだけれども、その中で大事なのは、やっぱりものすごい怖いことが起こるということの認識が要るということです。特にすごく危険なことが起こる。だから、その認識がないと困る。

他方でまた言えるのは、そういうところでは本当の怖いことは出てこない。出したら危ないことはわかっていますから。それで全部出たと思わないようにしたいという。

これはちょっと話は別ですけれども。アメリカで、ある人が子どもたちと今言ったような話し合いをいろいろしたんです。対話をするんです。すごく面白いわけですよ。ところがその中で、いわゆるアメリカインディアン、ネイティブアメリカンの子どもといろいろ話をしたら、面白くないし、それから神話も何もないし、宗教もないし、ないない尽くしで、やっぱりネイティブアメリカンの子どもたちは、かわいそうに文化とか神話とか全然そういうものを持ってないというふうに結論を書こうと思ったんだけれども、ある人にふっと聞いたら、「そんな学校が用意した条件で、本当の話をだれがするものか」と言ったんですよ。それで、そういう子どもたちの家を訪問したんです。それで一〇年経つと、とうとう話が出てくるんです。

考えてみたら、それはそうでしょう。「いちばん大事な話をだれがするものか」というようなものですよね。いちばん大事な話を、そこらのおっさんにするはずがないと。しかし、僕ら日本人は割と自分のことをしゃべっても危険のない社会に生きているわけですね。たとえば僕らお互いに集まって飲んだときに、相当自分のことを言ったり、自分の悩みを言ったりしても、それは皆も守ってくれるし、大丈夫だと思っているから言っているわけだけれども。僕だって、ひょっとして、まったく違うカルチャーにポーンと放り出されて、そこで「お前の」とか言われたら、言わないかもしれない。危ないですから。わからないですからね。

だから、その人がそういうことを書いていて、そして、うっかり「彼らには文化もない。神話もない」と書こうとしたのは、自分のひょっとしたら敵意の表明かもわからないと。なぜなら話をしてくれへんでしょう。腹立ちますよね。腹立ったぶんだけ「あいつはだめだと言いたい」と。そういう気持ちが思わず働いていて、言ったのかもわからないと。ところが、偉いですよね。家に出かけていって、たしか一〇年ぐらい経って出てくるんです。

鷲田――それはすごいですね。

河合――だから、対話というものの次元というか、なかなか難しいところがあるんですね。

鷲田――そうですね。でも、先生、そういうふうに皆が大事なこと、本当の本当の大事なことではなく、ある程度大事なことを気軽に言い合える社会、しかもそれで危なくない社会というのは、逆にそういう時代の治療というのは、ものすごく難しいですね。

河合——ものすごく難しいです。

鷲田——逆に、ちょっと出ているように見えるがゆえに、よけいに難しい。

河合——難しいですね。だから、僕らはどうしても一対一になりますね。しかし、グループでもやっているんですよ。だから、先生が言っておられるようなことも、僕ら心理学者はよくやってますね。それも非常に面白いです。おっしゃるとおり、だれかがしゃべり出すと皆が一緒に考えて、うまいこと皆で一緒に考えられるときと、一人しかしゃべる人がいなくてなかなかうまくいかないときがあります。

言語化できない「臨床の知」

鷲田——私は哲学というのは専門家のものだとは全然思っていない。哲学って身近なテーマばかりですし、皆が関係あるテーマばかりですよね。「ことばとは何か」とか「身体とは何か」とか「他人とは何か」とか。

河合——そのときに、どこで味が違うかといえば、哲学者はそこを掘り下げて考えるという態度を常に持っているんですよ。だから、そういうふうにやりながらでも「ことばとは」「母とは」といったテーマをグーッと思索の中で掘り下げて、掘り下げたことを言語化するということを自分の職業にしておられます。われわれわれの仲間はそっちよりも、相談に来た人がよくなっていく方向へどうしても行くわけですね。

鷲田——だから、われわれのほうが一緒に病気になってしまう可能性がありますね。聴くほうも話すほうも。

河合——だから、お互いに相互乗り入れみたいになるんじゃないでしょうか。

鷲田——本当にそうです。われわれの習性みたいなものは、ちょっとのことでは納得しない。

河合——そう、そう。それで考えつづけに考えるわけですね。しかも、考えたことは次に言語によって表現しなくてはならないという責務みたいなものがあるわけでしょう、哲学者はね。僕らの場合は、それで表現できなくても、相手がよくなられたら、「まあ、こんなもんか」というところもあるんですね。

鷲田——ただ、その場合でも、患者さんの言語を持たなければいけないんじゃないですか、自分を語る……。

河合——ところが、いちばん典型的なのは子どもの場合ですよね。まったく言語なしで治りますから。そうすると、子どものほうは遊びだけでしょう？　遊びの変化とか遊びの表現とかを通じて、こちらは、その人がこういうふうによくなったと読んでいるわけですね。子どもは何も読んでないですよ。最後は「元気になりました」で、終わり。子どもは、何もわからずによくなっていく。

ところが、これがものすごく難しいんですけれども、大人の場合でも、それは起こるわけですよ。たとえば、箱庭療法をするでしょう。箱庭をつくっているうちに、その人はよくなっていかれる。何でよくなったかわからないけど、よくなっていかれる。それを大人の場合は一般的に、終わったところで、できるかぎりやっぱり言語化しようとするわけです。けれども、そういうことをあまりしなくても終わる人もいます。これがわれわれの領域の難しいところです。

なぜかと言うと、言語化を焦《あせ》ると流れが止まってしまうんです。そうでしょう？　簡単な例を言うと、暴走族の子どもたちが来ますよね。そうすると「あなたは大人になるためにこういうことをやっているんや。だから大人になるということが課題だ」と言います。その子が「あっそうかなあ」と思い出すと、暴走はやめますよ。でも、ほかに何もしなくなりますよね。

鷲田――あるいは、逆にそのことばに乗ってしまうと、肝心の問題がまた移行して解決したような気になって。

河合――今度は暴走も当然と思うかもわからないしね。それで、むちゃくちゃ走るかもわからないし。だから、そんなことを言うよりは「ウーン」と思いながら、その子がいい線まで来て、自分で「あっ」と言うところまで待つという、実際、僕らはそれを大体やっているわけですけど。非常にわかりやすい例は、箱庭なんかでも面白いことに右半分しか使わない人がいるんですよ。あれは面白いと思うけれども。右半分に置いて、左側はまるきり空いているんですよ。それでも「できました」と言う人がいるんですね。僕が「こっちはどうなったんですか」と言うでしょう？　そしたら、次にその人はものすごく萎縮《いしゅく》するでしょう？　「やっぱりこっちも置かないといかんらしい」。ということは、その流れを変えてしまうわけです。だから右半分で「終わった」と言う人にも、「ああ、そうですか」と言ってるだけで、「左半分が空いている」とは絶対に言わないです。そこで「左半分が空いてますよ」と言ってしまうと「あっ左半分も置かないといかんのや」と思いますよね。

それから、人間を一つも置かない人がいますよね。町があって電車があって……いろいろあるのに、人が一人もおらない。それでイヌがいる、というようなのが多いんですね。「この町、人がいまへんな」とかうっかり言うて、その人が「あっ人を置かないといかん」と思ったらだめですよね。

鷲田――そういうふうに全部語り尽くさないとか、臨床心理士の立場の方が「元気になられてよかった」と言うときに、たとえば「なぜ、右しか使わなかったんだろう」などとは言わないということは、もちろん思考を停止されるというわけではないんですね。

河合――こっちはものすごく考えてますよ、ものすごく考えてる。

鷲田――終わったあともですか。

河合――そうです。大人の箱庭の場合は「もう終わり。よくなられました」と伝える際に、「何だったら箱庭をもういっぺん見てみましょうか」と言って、スライドではじめから一緒に見るんです。それで話をするんです。ものすごく面白いんですよ。

鷲田——ああ、そうですか。

河合——それでいちばんはじめのスライドを見せたら、本人が「えっ、これ半分しか置いてまへんな」とか言う。そこでこちらが「ほんまですな」って言うと、「どうしてでしょう?」とかいうことで。そうすると、僕は「こう思った」とか、そのときはだいぶ言うんですよ。それで二人で話し合いをするんです。大人の場合はそれをやります。しかし、それをいつやるかは難しい。

鷲田——さっきの成人儀礼じゃないけれども、やっぱり終わるときというのはあるんですね。

河合——それがものすごくうまいことといっている場合は、本当によくわかります。お互いに「終わりだ」と思うんです。その人もそろそろと思っているし、こっちもそろそろと思っていますし。

ただ、日本人の場合は面白い感覚があって、「先生、終わります」と言ったら申しわけないと思っている人がいるんですよ。先生のお陰でよくなってきたのに「終わります」と言ったら、何かポイと捨てるみたいでしょう? だから、自分はやめたいと思っているんだけれども、気をつかっているんですよ。その人は「終わりたい」なんて言えないものだから、「先生、飛び飛びで会うぐらいでいいんじゃないでしょうか」などと言うんですね。だからといって、こっちが真に受けて「じゃ飛び飛びで会いましょう」なんて言ったらいけません。僕は「いや、そろそろですな」みたいに言うんですよ。そのときに「やめましょう」と言ったら、また気にする人がいるんですよ。「先生はやっぱり早くやめたがっている」と。私のことを気にしてへんと思ってしまうでしょう？　ところが、日本語にはよいことばがあって、「では、そろそろですね」とか。何かわからないけれども、そしたら、向こうも「そろそろですな」とか言って、だんだん歩み寄っていくわけです。

鷲田——その場合、臨床の知というのは、どっちにあるんですか。つまり、「そろそろですな」ということで、二人が終わって、スライドをもういっぺん見て、「あんなのやったのかい」と、今度はある意味で対等にディスカッションができはじめて、分析もその人を交えて行うことも可能になる……。

河合——やるんです。そうすると、思いがけないことを言う人があります。

鷲田——思いがけないことばを使って、先生ご自身が「ああでもない、こうでもない」と、そのあといろいろ、箱庭についてとか考えられますよね。

河合――考えます。

鷲田――そこに行く前、終わる前は「何で治ったのかわからんけれども、元気になられた」。こっちの知というのは、ものすごい分析を深めていくというところがある。ふつうの科学だったら、むしろ全部透明に論理的に分析をクリアにしないといけないんだけれども、こっちの知というのはわからないものをそのまま認めた上ででも、「これで終われる」という感触を持たれますよね。臨床の知というのは？

河合――両方でしょう。完全に両方なのに、片方だけ言うと危なくなると思いますね。そうすると、片方だけの知識を持ったら、皆「自分は臨床家になれる」と思うわけです。絶対になれないですすよね。その証拠にいくら本を読んでもなれないですもの。今おっしゃっている、ちょっとことばになりにくいほうのも含めて、臨床の知があるんですね。ただ、言語化されないほうも、何とか言語化しようと思って、僕らも苦労しているわけですけれども。

鷲田――それはもちろん、あとから遡ってやられるわけで、ここの最中ではないんですよね。

河合――最中にはわからない。わからないけれども、勘はあるんですね。うまくいっているという勘ですね。そのときの「自分はうまくいっている」というものを支えているのは何かというと、いろんな支えがあるわけです。その支えをたくさん持っていないと、理屈だけではだめだと思いますね。考えてみたら、なかなかうまくいってないように思うけれども、遠いところからお金をかけて電車に乗って、その時間に来てくださるというだけでも、やっぱり何か意味はあるわけですね。

鷲田——エネルギーの要ることですものね。

河合——そうですよ。

鷲田——臨床心理士の人や精神科医の人はもちろん、別に何も専門的な知識を持たない私のような者でも「あっ、いいほうに向かっている」とか「変調が起こりつつある」とかということはわかりますね。ふつうの者が、ほかの家族あるいは友達とか同僚とかを見ていて、変調というのがわかる。顔をパッと見ただけでも「おかしい!」とわかりますね。ああいうものというのは、何を見てそう思っているんですかね。あるいは、そういう知識や勘はどこから……?

河合——そういうものは、もっと研究に値しますね。人間は皆、そういうものをものすごく持っているわけですよね。その中で、言語に比較的しやすくて論理体系に乗るほうの知識が、どうしても価値を持ちますね。今までは、それだけが知識みたいになりすぎたんじゃないでしょうか。それが非常にひどくなっている人とか、ものすごく偉い学者だけど何も気がつかない人とか、いるでしょう？　それはそっちのほうに傾いてしまっているわけです。

鷲田——お医者さんでも、患者さんはここにおるのに、こっちのコンピュータばかり見ている治療というのが、このごろありますね。

河合——ありますよ。それはそれで、ちゃんとその人のできることはあるけれども、患者さんを見てやらないといかんことは、その人にはできなくなっているわけでしょう？　そのときに、現代人が忘れていったほうの知恵を、今のアフリカへ行ったり、ネイティブアメリカンの人のところに行ったりしてみると、彼らは持っているわけです。

　私の兄がアフリカへ行って向こうの人と付き合っていて、一緒に歩いていくと「あっゴリラが三日前に通った」などと言うんですよね。それは足跡とかを見たらパッとわかるんだそうです。それを向こうの人は「河合さんも覚えなさい」と言うわけですよ。で、教えてくれるわけです。匂いがしてきたら「あっゾウが風上にいます。その匂いです」と。でも、兄は「なんぼやったって全然わからない」と。兄なんか、日本人としては勘はいいほうです。向こうの人も好きだし、いくら一生懸命やって覚えようと思っても覚えられないと。

それで兄の結論は「結局、彼らは感覚がものすごく鋭いんだ。現代人は触覚とか嗅覚とかがまったく衰えてしまっている。視覚でも文字を見たりすることは上手になっているけれども、草がどっちを向いているとか、ちょっとした、そういうものは全然見られなくなっているんだ」という。現代人は感覚が鈍っているけども、アフリカの人は非常に感覚が鋭いというので、その人たちを日本へ呼んでくるんですよ。それでいろいろと実験するんです。たとえば戸をちょっと開けておくわけですね。そこをスッと人が通るわけです。そのときに「今何人通ったか」とか「今通ったのは人か人でないか。男か女か」とか、そういう実験をやるわけです。

匂いの実験もいろいろやってますよ。面白い匂いの実験なんかして、匂いがどれぐらい弁別できるか。兄の予想では「そういうのは全部アフリカの人は非常に高くて、日本人は低い」と思ったら、何も差はないんですよ。「どういうこっちゃ?」と思うでしょうけど、でもこれはあたりまえなんです。横を人が通ろうと通るまいと、その人の人生に関係ないですよ。だけど、ゴリラが昨日通ったか、今日通ったか、ゾウが風上にいるかいないかというのは、命がかかっているわけでしょう。だから、その人の人生との関わりの中の感覚はものすごく鋭いわけです。

鷲田——なるほど。

河合——それを単に「感覚というものは」と考えるのは、現代人の間違いなんですね。

鷲田——テレビの番組欄なんか、いくら細かい字でも、私なんか面白い作品をパッと見つけられますものね。どのあたりにあるかというのをね。

河合——そうです、そうです。それはそれで、その人たちにとっては死活問題ですからね。

鷲田——私、実は心理学に恨みがあるんです。学生時代に実験心理学か何かの人に材料にされまして。ちょっと被験者になれと言われて、知覚能力のテストをされましてね。自分が意識できないぐらい素早く切り替わる画面を見せられて、「何があった?」って聞かれるんです。ヌード写真しか目に入らなかったから「ヌード写真がありました」と言ったら、「やっぱり」と言われたんです。「やっぱりって、どういう意味やろな」と思いましたよ。自分では見たと意識しないでも見えるものがあるということを実験されたんだけど、「やっぱり」ということばに傷つきましてね（笑）。

それ以来、私は心理学というのがどうも嫌で……。しかも感覚というのは、今先生がおっしゃいましたが、これは視覚心理学とか知覚の問題とか、触覚はその中でも五感にそもそも分かれて、感覚をそれぞれの目とか耳とか、嗅覚だから鼻だというふうにきれいに分析的に分ける研究法というのには昔から不信感があったんです。最近になってアフォーダンスの研究なんかが出てきてから、「あれ、またすごく面白いことをやっているな」と思いはじめました。というのは、さっき先生が奇《く》しくも「勘」とおっしゃいましたけれども、ふつうの人間がふつうに持っている勘ですね。たとえばあそこにロープが張ってあれば「またぐべきか」「下を潜《くぐ》るべきか」というのを、ほとんど皆同じところでピシッとわかるそうですし。あと目隠しして棒の端っこ持たされて、これをダイナミックタッチと言うそうですけれども、棒を揺さぶると、ほとんど皆「これは何センチぐらいだ」とか言えるそうです。揺さぶるということが大事であって、これでこの硬さとか重さとか、ここにかかる圧力でかなり正確に言えるそうなんですね。ドアでもそうです。パッと見たときに自分が横を向かないと通れないか、真っ直ぐ行けるかというので、人間のからだの一・二倍とか何かというところで、ほとんどの人がからだを横にするそうなんですね。

河合――大学の門だけはどれぐらいかわからないので、皆困るんですけどね（笑）。つまり、それが現代というものですね。そういうものはパッと皆わかるのに、大学の門には皆錯覚を起こす。昔から持っている人間のすごい判断力というのは全然役に立たないシステムがいっぱいある。

鷲田――そういう意味で、からだはいろんなダメージを受けていますね。

河合――そうです、そうです。

鷲田――ただ、そのアフォーダンスの心理学が面白かったのは、素材の面白さもさることながら、感覚というのを論じるときに、今まで感覚といったら受容器の話で目にどんな情報が入ってとかだったのが、感覚を、こっち側からの運動という面から考える。つまり、体の運動を抜きに感覚を考えないというところが面白いと思うんです。だから、手に持つ棒だったら、こっち側を振るというところで感覚をとる。

あとケッサクだなと思ったのは、大学の生協にはいろんな物を置いてあるトレイがあるんですけれども、それを選ぶ客をビデオで撮るんです。こう取りかけて、こっちに行ったり、迷いとか淀みとか、小さなミスを、ビデオで何回も見て研究したりする。「失敗した」とか「迷っている」のをゆっくりコマを送って、ほかの人が見たら何をしているんだろうと思うでしょうけれども。私が面白いなと思うのは、人間が感覚ということを考えるときに「触る」ということを一つ取ってもそうですけれども、どれだけこちら側が動いているかということ、運動ということを感覚の中に入れてきているというのが面白い感じがするんですね。

いちばんわかりやすいのは、触覚というのは、物が触れたら触覚が起こると言いますけれども、これはとんでもないことだと思うんです。つまり、昔実験でやったんですけれども、目をつむってただ歩いて行ったら激突があるだけで、決して触覚はないと思うんです。触覚というのは、ものすごく注意深い運動で、タマゴを持つときでもギューッとは密着しませんし、注意深くまさぐるようにそーっとやらないと、本当の触覚は起こらない。すごく微妙な感覚なんですね。ということは、感覚というのは受け取るものというよりも、そーっと探りに行く、物に向かう人間の運動ということなしにありえないと思うんですね。

さっきの距離の問題も同じように考えられないか。つまり、密着するというのは、共感移動ではないですけれども、何も触れなくて、そーっと「これ一体何だろう?」と関心を持ちながら触れるか触れないかで、まさぐるという、対象との間にそういう隔たりがあってはじめて、本当に物は触れるんだと思うんですね。

そうすると、現在ただ今心をヒリヒリさせている人、あるいは子どもはどうか、というと、これは臨床心理とリハビリとの関係なんかで、私はちょっと気になっているんですね。リハビリの先生から聞いたんですけれども、不安神経症に罹《かか》っている子どもは、はいはいするときでも掌《てのひら》を広げて床を触るのが怖くて、握り拳《こぶし》で四つんばいになったりするという。そういう子には、今言ったような本当に大事な触覚、つまり、触れるか触れないかぐらいで、他人にふっと体が触れるのがいちばん怖いんだそうですね。

河合——はい、はい。

鷲田——それでリハビリの先生は、不安になっている子どもに、触るか触らないかというかたちで触ると、ぶるっと震えるから、逆にその子を触るときにはギュッと思いきり握るか、それから、撫でるときには、毛を逆立てないように毛並みに沿って撫でるという、そういう触れ方をしないとだめなんだと言っておられまして。同じ触るか触らないかというのが、一方では本当の意味での触ることでもあり——桃を持つときでもそうですし——、逆に子どもの場合は、触るか触らないかという触り方がいちばん相手を脅かしてしまうということがあるんですね。

河合——そうです。

鷲田——どっちも距離なのに、どうしてこう対照的な効果が出るのか。こっちの物を触りに行くときに、あるいは看護するときに相手に密着しないで、でも、「もう知らん」というふうにもしないで、常にある距離をもってジッと見てるということが大事だと、そういうプラスというか、大事な距離と。それから触られたらビクッとして怖いような中途半端な触り方、このプラスマイナスというのは、一体どこから来るのか。今はリハビリの話でしたけれども、対人関係の中で、あるいは治療の中で正反対の効果があるんですね。

河合——まったくそうです。本当にそうです。だから、ズバッと言ったほうがよっぽどいいときもあるし。

鷲田——ギュッと抱くのと同じですか。

河合——同じことです。それをズバッと言わないで、ファーッとしているほうが、ものすごく不安になる子もいますよね。

鷲田——先生は、いつも「あは、あは」と。

河合——やっているけど、やっぱり言うときはパッと言っているわけですね。それがすごく難しいんです。

鷲田——そこの距離というのが……。

河合——相手にもよるし、タイミングにもよるしね。

鷲田——どこで言うかも？

河合——はい。たとえば子どもだったら「トイレに行くわ」とトイレに行って、「あっ僕、ここに吸い込まれるわ」というようなことを言う子どもがいるとしますね。そうすると「うん、吸い込まれるんやな」というふうに言ったほうがいいように思うけれども、「そんなもん、吸い込まれへん」と、パンと言ったほうがいいときもあるんですよ。それは不安の程度が大きい子は、パーンと止めてしまったほうがいいんです。

鷲田——断言するほうがいい？

河合——ええ。ところが、吸い込まれるという体験から、またいろいろ変化する子は、うーんと言って待っているほうがいいんですよ。

鷲田——難しいですね。

河合——それはすごく難しいです。それも一つひとつ違うわけですね。だから、それこそ話をしていても、クライアントにも怒るときはパンと怒りますからね。だから、いつもファーッとしているのは一般論で、大体それが根本ですけれども、そうでないときもあるんですね。だから、僕はスポーツとすごい似ていると思ってるんです。

鷲田——ははあ。

河合——そのときそのとき、違うでしょう?

鷲田——なるほどね。臨機応変で。

河合——ものすごく臨機応変ですね。僕はよく大学院生に言うんです。「目標にするのは大打者だと。大打者は三割ちょっと打ったらすごいことだ。だから、皆当たると思うな」と。

鷲田——四割打ったら、もう天才ですね。

河合——四割打ったら天才やと。ところが、面白いことに草野球では五割の人がいるんですよね。だから、草カウンセラーは「五割治した、四割治した」と喜んでいるけれども、プロはそうはいかない。勝負は三割一分か二割八分かにあるんです。三割一分の給料と二割八分の給料は全然違うでしょう？「たった三分の違いやないか」と言うけれども、それはすごい差なんですよ。プロになるほどそうなんですね。

鷲田――だから、ブルンと来る距離が、むしろ物をいちばんたしかに摑《つか》む距離だと、その人の中で変わればいちばんいいわけですよね。

河合――うん、うん。そういう子どもたちは、スッと触られるなんて怖くて怖くてしょうがないですよ。だから、もっとニュアンスに富んだ接触なんていうことはいちばん恐ろしいことでしょうね。ニュアンスのないことのほうがいいんですよ。そこからだんだんニュアンスのあるほうへ変わっていくんですけどね。

「食事」と「性事」

鷲田――これは、性の達人になる道にも近いですね。

河合――本当ですね。だから、セックスというのは象徴的にものすごく意味が深いんですね。だから、皆、性のことにも関心もあるし、文学の対象になるし、いろんな話の中でセックスがいろいろ譬《たと》えとしてもよく出てくる。フロイトがセックスのことばっかりあれだけ語っていたのは、そういうことですね。

鷲田——性というのは面白いですね。食べるということとことばの上でも感覚の上でもオーバーラップしますね。

河合——梅棹忠夫さんが、いいことを言ってますよ。「日本人は食事と言う。それはどういうことか。食べる事をしている。単に物を食っているのが動物なんだ。人間は食事をするんや。食べる事をしている。それが文化というものだ。だれと食ったとか一緒に食事しましょうとか、食でなくて食事というのが文化のはじまりや。だから、セックスも本当は性事と言わないといかん。僕は性事学の研究をしたい」なんて冗談をよく言ってたんだけど、それ面白いでしょう?

鷲田——なるほどね。秘め事とか色事などとも言いますね。

河合——だから、皆「事」が付いているんですよ。ところが、現代は何もかも間違っていて、性そのものの話が多すぎるんです。それで秘め事・色事がなくなっているんですよ。そうでしょう? 秘め事・色事が、まさにそれこそ梅棹さんに言わせたら、それが文化なんですね。ところが今、セックスというのは生理学の問題なんですね。だから、話は横へ行ってしまいますけれども、性教育というのは本当は性事を教えないといかんわけや。ところが、皆、性ばかり教えているんですよ。

鷲田――性の安全とか。

河合――そう、そう。だから、あれで教育したと思ったら大間違いですね。性の中のある一面だけしゃべっているだけで、しかも、その一面的なことが何か正しいことみたいにして子どものときに教えるというのは、僕はどうも感心しませんけどね。本当はやっぱり秘め事・色事も入れないとね。ただ、これを教えるのは難しいですよ。

鷲田――それは性教育だけでなしに、大人の性についてのことばもそうですね。複数の人間がやるある種の技巧を凝らして、あるいはファンタジーいっぱいでやる色事、性の快楽というのはそういうものなのに、実は女性週刊誌とか男性週刊誌を見ていたら、オルガン、つまり器官の問題になっている。どこを、どうすれば、どう得られるかという……。

それとの連想で言いますと、たとえば昔、性というものが解放されていないときでしたら、ある人と性を含んだ交わりに入るということはものすごいディープなことでしたけれども、逆に今みたいにお手軽にセックスが若年の時代からできるというのは、ひょっとしたら、それは性に行くんじゃなしに、性よりもっと深い別のものの交わりを隠すために、怖いから、そのへんで逆に身体を交えたら深く交わったような気になってしまう。

河合——あるいは、深いことを求めているんだけれども、わからないから、それをして、それで皆ゲッソリしてしまう。

鷲田——あまり幸福そうに見えませんものね。

河合——「何や、こんなことか」というのが、ものすごく多いですよ。それは当たり前の話で、秘め事・色事はなかなか大変なんだけれども、皆それ以前のところで止まってしまうからね。今、そういう点では非常に不幸なのではないでしょうか。だから、学生たちに本当の性事学の話をすると、皆ものすごい必死になって聴きますよ。それはだれも聴いたことがないもの。

鷲田——先生は性事学をできますか?

河合——それは具体的にやりますよ。つまり、僕らだったら事例がありますからね。性と関連して、ちょっとそういうことを言うだけでも、皆本当に一生懸命になって聴きますね。今は性に関する情報と本はいっぱいあるんですけど、性事学はほとんどないですね。だから、もうちょっと力量があったら性事学の本でも書きたいと思うんですけど、まだそこまでいきませんね。

鷲田——まだ、これからいかれるつもりですか。

河合——八〇歳ぐらいになったら書くかもしれません。だけど、これは難しい。だから、ひょっとしたら本にできないことかもしれません。昔の人の知恵はそうでしょう? 絶対に本にしなかったですね、皆口から口へ伝えて。

鷲田——性事学の哲学は難しいです。哲学は全部自分のことを書くから。

河合——性事学の哲学ができたら、それはすごいけどね。それは今まででもいちばん哲学になりにくいですね。あまりにも個別的で、概念化ができないから。

鷲田——先生は、あまり本能ということばをお使いになりませんね。私も本能ということばを徹底的に回避しています。というのは、今私たちの文化の中で、何が起こっているのかはわからないけれども、恐ろしいことが起こっているとふと思うからです。食とか性の場面に、病理みたいなかたちで、あるいは、コントロールが完全に外れてしまうような、箍《たが》が外れてしまうような現象として、昔だったらアブノーマルと言われたものが、非常に日常的なものの中にふっと軽い兆候のようなかたちで出やすくなっていると思うんです。

最近、三木成夫という胎生学の先生の『胎児の世界』（中公新書）などの著作をいろいろ読んで、もう目からウロコみたいなことがいっぱいありました。その中で、いちばん印象に残ったものの一つが、あらゆる生き物の進化の中で人間になってはじめて色気と食い気がごちゃ混ぜになってしまったという指摘でした。つまり、サケに象徴されるように、動物は食の時期、つまり栄養をつける時期、個体活動する時期と、それから種の生産をする時期、つまり性の時期というのは、時期的にきちっと分割されて、一緒になるということはない。サケだったら南に行くまで、とにかく食いまくって、帰り道では逆に生殖のほうを。ですから、食べるのをやめて、精巣が腸を押しつぶすぐらいにパンパンに腫れてきて、そして川でセックスをして、バタリと死ぬ。そういうものが動物なのに、人間においては食い気と色気が、ある時期からずっとごちゃ混ぜになっている、というんです。

河合——ある時期からでしょうね。

鷲田——それを読んで、怖いなーと。

河合——それはあらゆる点で今日のテーマにつながっている。それでも、昔はちゃんと子どもと大人を分けるとか、そういうふうに分類することによって秩序が保てたわけですよ。だから、セックスの世界もある程度分類が行われていたわけですね。つまり、日常世界のことと遊廓のことは一緒にしないとか、色の世界というのは別にあったわけです。色の世界で起こったことは持って帰らない。よっぽどアホが持って帰るだけで。そうでないかぎりは、橋の向こうの世界は別にしていたわけですよ。

鷲田――それから、子どもにはだめとか。

河合――だから、そういうふうにものすごく分けていたわけですよね。それが今、自由になったので、そういう分類を全部なしにしたでしょう。色気も食い気もそうですよね。だから今の人間というのは、それは生きるのは大変です。昔からの知恵を全部放り出してしまったんですからね。

鷲田――だから、ほかの動物には本能ということばで当てはまるかもしれないけれども、人間には、最初から壊れてしまったもので。

河合――そう、そう。もう一つ思っているのは、ひょっとしたら人を殺すことと近親相姦……これも人間がはじめたことではないか、と僕は思ってるんです。

鷲田――はあ、はあ。それについてはエドマンド・リーチという文化人類学者がめちゃくちゃ面白いことを言ってるんです。これには私、感動しました。食のタブーと性のタブーと、侮蔑語の使用というのが、ほとんどの文化で対応関係にあるそうなんですね。食のタブーについて言うと、人間が人間を食べることを禁止しますね。それから自分を食べない。それから近親相姦に当たるのが、人間はペットを食べない、要するに、自分でもないけど他人でもない、家族みたいなもの、つまりペットは絶対に食べない。それから野獣を食べないんですよ。アルマジロを食おうとか、ヘビを食おうとか、ふつうは思わない。そうすると、人間が食べているものというのは、自分でも、野獣というまったくの他者でもなければ、ペットでもない。里にいる近隣の生き物なんです。家畜とかウサギとかシカとか。

セックスを考えますでしょう? セックスは自分ではできませんね。で、いちばん強烈に忌避されたのが近親相姦。それから、今でこそ地球全体が一つの村みたいになったから、まあ当たり前のことですが外国人との結婚も障害はもうありませんが、ある時期まで異邦人との性交渉というのは、ものすごく地位の低い人がやるとか、差別的に見られてきたわけですよね。

河合——そう、そうですね。

鷲田——そうすると、セックスできる、あるいは婚姻関係に入れるのは隣人だけなんです。家族でもなくて、異邦人でもない。隣人とはオーケーと。だから、ここで食と性が禁止することと許されることが対応してますでしょう?

河合――面白いね。

鷲田――ついでに言うと、逆に侮蔑語はいちばん曖昧なところ、つまり、メス豚とかイヌ畜生とかというふうに、要するに、ペットとかすぐそばにいる家畜とかで侮蔑を表現してきた。だから、この三つが対応しているという論文を読んだことがありましてね。これは面白いなと思ったんです。

そういう事実を一つ取っても、食と性というのをまたがるような何か、知恵みたいなもの、つまり本能が、われわれは壊れてしまっているのでは……。

河合――すごく壊れていますね。で、性のほうが壊れて、食も壊れているでしょ?これはやっぱり僕らの仲間の連中の話ですが、兵庫県の朝来《あさご》郡生野町(現朝来市)に生野学園という、不登校の高校生を寮に入れている学校があるんですよ。

鷲田――若衆宿みたいな感じですね。

河合――そう、そう。だから、不登校の子でも皆学校へ行くわけです。しゃあないからね。この全寮制高校の初代校長を務められたのが村山実さん。あのプロ野球の元監督と同姓同名ですから、だれも校長なんて呼びません。皆「監督、監督」です。その村山さんが、対談したときにこうおっしゃった。「日本はものすごい金持ちになって、もう食べ物はむちゃくちゃ貧しくなった。不登校で来ている子で、味のわかる子はほとんどいない。食べ物の味のわかる子がいないんです」と。

この人がすごいと思うのは、その高等学校をつくったときに、自分が校長としていちばん必死になって探したのが賄《まかな》いの人だったんだそうです。村山さんは、探し回って、すごい賄いの人を呼んでくるわけです。その賄いの人は職員会議に出とるんですよ。教育的に大事な人なんです。というのは「あの子は食っている。あの子は食わない」とか報告する。その人はものすごい心を込めて、おいしい物をつくっているわけです。ところが、皆味がわからない。それでパパッと食うたり、よそへ行って食うたり、それは自由にしていますから。そうしているうちに、そのおいしい物の味がわかるようになったころは問題解決やと。

鷲田——そういえば、哲学でも「吟味」と言います。

河合——ほんとですよね。僕らは子どものときから吟味したわけでしょう。それは食べる物でもいろいろあって、「今日はおいしい」とか。決まりきったやつやったら、何でも同じ味ですものね。今はむしろ、値段がいくらということだけで吟味はしないですよね。「お前、いくらのを買うてきた」と言っているだろうけど。（編集部注・村山さんはその後、姫路市立城乾《じょうけん》中学校でカウンセリングを担当した）

食という切実なテーマ

河合——鷲田さん、この間ご一緒した比叡山の会議で「円谷の遺書」を読まれたでしょう？

鷲田——はい。

河合——あれは感激したね。

鷲田——マラソンランナーの円谷幸吉が身内に宛てて遺した遺書ですね。「父上様母上様　三日とろろ　美味しうございました」ではじまる……。

河合——父上様、母上様に続いて「姉上様　何何は美味しうございました」と、食べ物がずっと続くんですよ。僕はそれをもじって、比叡山会議の翌日あるところでしゃべったんです。「皆さん、こういう遺書があるんです。今の子が死ぬときどう書くと思いますか。父上、母上、インスタントラーメンはまずうございました。お姉様、マクドナルドをいつもありがとうございました。これで遺書になりますか？」。そう言って、笑わせたんですけどね。

鷲田——なるほど。

河合——つまり、今の子たちは何も味のない生活をしているじゃないか、という思いですね。

鷲田——円谷は、ある意味では幸福やったんですかね。

河合——ある意味では、そう思いますよ。

鷲田——そういうことがわかるから、よけいに痛切だったんでしょうね。

河合——それだけ味のわかっている人が、味のわからない世界に入ってしまった。一番か二番かという、味も何もない数字だけの世界……。それで二番のほうが三番より絶対に偉いという。そうでしょう？

鷲田——なるほど。私は、あれは悲しい遺書と思ったんです。つまり、自分の幸福というものが食い物を並べることでしか、とネガティブにとらえてたんですね。

逆ですね。

河合——僕は、ものすごく感激しました。しかも、あの遺書には、自分がオリンピックで何番でしたなんて、どこにも書いてない。

鷲田——「三位で辛かった」とも「申しわけありませんでした」とも書いてないんですよね。

河合——どこのトラックを走ったとかも何も書いてない。死ぬときに「幸福」としてあれだけ思い出すというのは、考え方によってはすごいと思いますよ。今の子どものことを考えてもそうでしょう？　「お父様、お母様、インスタントラーメンを何度も食べました」ではね……。

鷲田——先生、私もガツンと頭を殴られた感じです。私がいちばん貧しいイメージとしてとらえたのが、実はいちばん深い遺書だったという……。

河合——そういう気もするんです、両方言えますけどね。僕は食べ物の話をよく知っているわけですよ。さっきの村山さんの話とかを思い出していたので、はあはあと思ってね。それだけに、耐えられなかったんでしょうね。実際に味のない世界に突入して、そこで評価が完全に決まってしまう。お父さんのつくるとろろとお姉さんのつくる何とかというのは、これは一番も二番もないですよね。

鷲田──それは自分の中で、オリンピックに出られたことよりもはるかに大事なことだったんでしょうね。

河合──僕は、そうだと思いますね。しかも、あれ綿々と続くんですよね、従兄弟まで。全部食べ物だったですね。

鷲田──ケアの現場なんかでも、生野学園と同じで、ひょっとしたら食べ物というのが、ものすごくケアの現場なんかのベースにあるのかもしれませんね。

河合──だから、生野学園は「あてがいぶち」じゃないんです。いろいろあって、生徒が選ぶんです。ふつうは盆に乗せてバーッと出てくるでしょう？　あれ絶対にやらないんです。

鷲田──私たちはすぐ「他人に関心を持ってほしい。お母さんに関心を持ってほしい、友達でずっと自分のことを見ていてほしい」とか、皆、そういう気持ちというのがすごく強くて、それがないと孤立感というのを持つもので、それはそれでよくわかるんです。人間というのはだれかに見られている、関心を持たれていることで、はじめて逆に一人になれるという面があると思う。でもむしろ、それ以上に大事なのは、他人に関心が持てるということじゃないかと思うんですね。他人に関心が持てるということと何か食いたいと思うことって……そういう生命力は案外どこかで結びついているんじゃないかなと思うんですね。

河合——そうかもわかりませんね。さっきのセックスじゃないけど。

鷲田——祭してもらうだけとか。これは父が介護施設にいたときに思ったんですけどね。一つずつ机がズラッと並んでいて四人ずつ腰かけているんですけど、ものすごく静かなんです。毎日一緒に寝起きをして同じ建物にいる人で、食事の席で静かというのは、私には想像できないんですね。会社の者でも鍋なんかになったら、しゃべるほうがむしろ主みたいになり、全然無関係な人でもたまたま相席になったら、ついしゃべってしまうぐらいに、食べるということとしゃべるということは結びついていると思うんですけれども。

親父の介護施設では、とにかくシーンとしているということと、横からスタッフの人がスプーンで口に入れてあげないと全然自分で食べようとしない。この二つのことが強く印象に残っています。

河合——あれだってスプーンで入れてあげないで、自分で食えない人は放っておくようにしたら、自分で食べたりしますよ。しかも、いろいろあって、早い者勝ちみたいにしたら、だいぶ違うと思いますね。

鷲田——つまり、患者さんと思うこと、あるいは、お年寄りと思うことで気力を削いでいるという……。

河合——ともかく全員が同じ物をあてがわれるということほど、人間をだめにする方法はないんじゃないでしょうかね。だから、これは「魂を殺す」のにいちばんいい方法だと僕は思います。

鷲田——アウシュビッツはそれをやったわけですからね。いちばんギリギリの物で、同じ物で……。

河合——そうです。このごろ変わってきたと思いますけど、昔、養護施設の子どもたちに、ノートなどをあげるわけですね。でも子どもたちは大事にしないんですよ。なぜかと言うと、皆同じノートをもらっている。それで、ある施設ではノート代を渡して自分のを買いに行かせたんですよ。皆、いっぺんに大事にし出した。皆違うノートを持っているわけでしょう? 自分が買ってくるわけですから。それはだれかと一緒になるかもわからないけどもね。一人三〇〇円だったら三〇〇円のノートを配るわけですね。鉛筆でも全部そうです。すると、すぐなくしてしまったりする。ところが、お金を渡して自分で買いに行くようにしたら、ものすごく変わるんですね。だから、食べる物でもちょっと変えるだけで違うでしょうね。

それで思い出したんだけれども、ある高齢者の施設で、そこにいた介護の先生が一人ひとりの人に「ともかく何がしたいんですか」と聞いてみた。そしたら、「死ぬまでに生まれ故郷にいっぺん行ってみたい」とか、「死ぬまでにいっぺん歌舞伎というものを見てみたい」とか言う人がありますね。それをずっと表にして貼るんだそうです。それで、皆に「何とかできへんやろか」と言うんですよ。そうすると、だんだん皆元気が出てくるんです。

そして「あんた、故郷が愛媛やったら、おれがついて行ってやる」とか。「お金がないから、わしはついて行くだけやけど」と言う人があったり、「わしが、金出したろ」と言う人が出てきたりね。それから「何とかさんに歌舞伎を見せる会」とかね。すると、それだけで皆の活気が変わるそうですよ。そうしたら、今まで物を言わないと思っていた人が物を言い出したり、寝たきりやった人が起きてきたりとか。もちろん、それは実現できないこともあるんだけれども、それをやるだけで、すごく違ったそうですよ。

鷲田——なるほど。結局患者さんのことを思って、至れり尽くせりにするというのは、患者さんをものすごく受け身にしてしまうということですよね。

河合——そういうことです。その人が自分の意思で生きる空間とか時間とかというものを、どれだけ僕らが確保できるかというふうに考え直したほうがいいと思うんですけどね。

個より普遍に至る道

鷲田——私には、とっておきの体験が一つあるんです。西陣病院に手術で三週間入院したことがあるんですね。もう十何年前ですけれども。そのときは、まだケアのことなんか全然考えてなくて、ファッションのことばかり考えていたころなんですけどね。すぐ向かいのベッドに八十いくつの、食事もほとんど入らんような、意識があるのかないのかわからないようなおじいさんがいらっしゃったんですね。それをよいことに、新米の横着な看護師さんが、起きてはるか寝てはるかわかりませんから、お昼時がすむと、片づけてカーテンを閉めてお昼寝させてあげるふりをして、その患者さんの脚の上にグオーッともたれかかって昼寝していたんですよ。「まっ、ひどいやつやな」と思って、私、最初は痛かったので関心が行かなかったんですけど、ちょっと余裕ができてから、何をしてるのか突き止めて言ってやろうと思って、注意してたら、何か様子がおかしいんですよ。

そのうちに、その子が寝ている間だけ、おじいさんは目をパチッと開けるようになったんです。それも横目で廊下のほうを見ているんですよ。どうしたのかなと思って何日間も見ていたところ、どうやら、おじいさんは廊下の監視をするようになったんですね。

河合――看護師さんを寝させているわけですね。

鷲田――それで、師長さんなんかが来たら、その若い看護師さんをふっと触ってやるんですよ。力がないから押すまでいかないですけれども。たぶん「この子はおれがちゃんと見てやらな、えらいことになる」と、おじいさんは関心を持ち出したんですね。

もう一つ、このおじいさんは恐らく十年間ぐらい、他人に抱っこはしてもらっても、他人にもたれられたという経験がずっとなかったと思うんですよ。至れり尽くせりのベッドで、お布団の重さぐらいしか。それがパサーッと若い子が寝るわけでしょう？　そういう意味で、自分にもたれる人がいたということと、そこからこの子を自分が見てあげないと、この子はえらいことになる、という気遣い。そのときに私はこうも思ったんですよ。他人に関心を持ってもらうだけというのは、むしろ、あるときには支えてくれるけれども、あるときには人を受け身にしてしまう……。それに対して「自分が見ていないと、この子はえらいことになると思う」というふうに、自分が外に関心を持つと生きる力が湧いてくる……。

河合——それはすごい、いい話ですね。

鷲田——あれはびっくりしました。ケアって、そういうことなのかなと思うんです。前回も「聴く」ということを、先生が話題にしてくださったんですが、そのときに、聴くというのはことばを受けとめるということで、とても大事なことだと思うけれども、大事なことは、話の内容も大事だが、要するに内容を肯定しようと否定しようと、むしろことばを受けとめてもらったという気持ちが相手にあったらもうそれでいいんだ、とおっしゃいましたね。今、その病院の話をして考えるのは、要するに、関心を自分に持ってもらっているということが感じられたら、ちゃんとわかってくれなくてもいいんだということなのではないでしょうか。

河合——今度は自分がだれかを助けているんですね。

鷲田——そうなんです。それプラス、もっと深いのは、他人に関心を持つということが、その人に生きる力を与えるのかもしれませんね。

河合——それはもっと大きいかもしれません。

鷲田——最初は関心を持たれるほうばかり考えていたんですけれども、そういうようなことをちょっと……。

河合——なるほどね。それは大事なことですね。

鷲田——今日はこれまで、ケアにおける距離ということにこだわってきました。その距離というのは、ちゃんと距離をもっていろいろ見守ってあげるケアも大事なんですけれども、逆に相手の関心をこっちに向けるような、ちょっとドジなところとか抜けたところとか、ケアする側にある弱さが見えたほうが無防備になったり、逆に関心を引き出せるというようなこともあるのかなという気がするんですね。

河合——それは完全にそうですね。大事なことですね。僕らにも、似たような体験がありますね。

鷲田——そうすると、よけい難しくなるんですね。ドジになれとか隙をつくれとかいうことも、また難しい。

河合——それは、できるかぎり自由になるということだと思います。

鷲田——自由になるということですか。それはケアということからも自由になるということ。

河合——そしたら、こっちが自由になりますから、ドジもちゃんと出てくるし、隙間がいっぱい出てきて、その隙間で向こうが面白いことを……そういうことだと思いますね。それがなかなか自由になれないんですね。

鷲田——熱心な人ほど自由になれないですね。

河合——そう、そう。助けないといかんとか、何かしなきゃいかんとかがしっかりと頭にあるほど、自由度が低くなるわけですね。だから「助けたい、役に立ちたい」というのはだんだんぼやけてきますよ。それがギュッとあるのはだめですね。

それはスポーツでもそうですよ。この間の話で「勝ちたいと思うたらだめや」という。勝たないといけないんだけどね。しかし、その看護師さんの話は、いい話ですね。

鷲田——でも、これを私がジョークで言う間はいいんですけど、これをまた看護を勉強する若い人に「はい、おじいさんのときには上で昼寝しなさい」なんて言ったら、それこそ臨床の知がなくなりますので。

河合――それを「臨床の知と普遍性の問題」と言うんです。その話の普遍性をどっちに持っていくかということで、臨床の知はまったく意味がなくなるんです。だから、それを今の話題の方向に持っていったら普遍性を持つわけですよ。その普遍性というのは、どういうことかと言うたら、「いや、われわれは助けるばかりじゃない。われわれが助けられる側に回ることが、すごい意味を持っているんだ」という方向です。これは普遍的な答えですね。ところが「いや、八〇歳の人が来たら、上で寝るんですな」となると、全然だめでしょう（笑）？

そこで、似たような笑い話?を僕のほうから一つ。僕は糖尿病の学会によく呼ばれるんですね。どうしてかというと、糖尿病の人というのは、お医者さんから「あなたは食生活をこう改善して、お酒をやめて、どのぐらい運動して」と言われるけど、そのとおり完璧に実行できる人なんかいやしませんね。そこで、正しいことを教えてもなかなか聞き入れてくれない人を、どうしたら説得できるか。それを僕に教えてほしい、というわけですよ。それで、僕が呼ばれた意味がよくわかりましたけれども、僕の答えは「説得なんてできません。もし説得して人が変わるんやったら、僕がいちばんはじめに説得したいやつが河合隼雄というやつです」。そうでしょ？「隼雄よ。お前、もう少し真面目に生きなさい」とか言われたって、「はあ」とか言うだけで、ほとんどできない。なかなか人間が変わるというのは大変なことなんだから。ただし、変わるのは大変なことだけど「一緒にやりましょう」と言う人がいたら変われます、というのが僕の考えです。

だから、学会の先生方に言ったんです。「もし僕の言うことを嘘だと思う人は、生活習慣をなかなか変えられない人が来ても〝ばかやろう〟などと言わずに、〝変わらんからと言うて、ばかにせずにちゃんと付き合ってください。そしたら面白いことが起こりますよ〟って伝えるように」とね。それで一年後に行ったら、ちょうどそのケースを発表しているお医者さんがいたんです。

鷲田――あっ、そうですか。

河合――そのお医者さんには、いくら言っても酒がやめられない患者がいるんだけど、先生は僕の言うとおり、だまされたと思ってその患者と辛抱強く付き合ってみたんだそうだ。何度か検診を重ねるうちに、ある時点からその患者の数値がパッと変わるんですよ。それでスーッとよくなっていかれたんですよ。そこで先生が患者に「えらい変わったな」と言うと、「先生はちゃんと付き合うてくれはったから教えてあげるけど、すごいことがあったんや」と患者が言うんですね。どんなことかと聞くと、その人はものすごく海釣りが好きなんですが、海釣りに行ったときに足が滑って「落ちて死ぬッ」と思ったんですよ。すごい恐怖感にかられたときに、ガッと助かるんですね。それで「これは死んだらあかん」と思ったら、パッと酒を飲む気がなくなったんです。そこから先、酒をピタッとやめたんだそうです。そこから生活が変わったんです。

その話を聞き終わった看護師さんやお医者さんが「今日の話は面白かったな。こういうのは役に立つな」って言うわけですよ。僕が、そのあとで「皆さん、どうですか。学会の発表で、スライドで数字を見てもあまり役に立たへんでしょ。今日のは役に立つと思いませんか」と言ったら、皆が拍手されるから、「わかった、わかった。これから糖尿病の人が来たら海釣りに行ってもらいます」と言うと、皆笑われましたが、そういうことを言っているのではないというところが、ものすごい面白いところやという話をしたのです。つまり、臨床の知の面白さは、個別性から普遍性に至る道をちょっと間違えたら失敗する。またそのことを言うてすぐにばかにする人がいるんですよ。「なんや、そんな話。海釣りに行ったって治るはずがないんやから。だから、そんなん聞いたって話にならん」などというのは、要するに、近代科学の方法論だけで、それを聞いている人ですよ。ところが、それを聞いて「あっそうか。おれももうちょっと付き合うてみよう」と思うお医者さんでも看護師さんでも何人か出てきたら、もう違うんですから。

だから、さっきの話もそうですね。どういう普遍的なほうへ話を持っていくかで、まったく違うことになるという例で、それもよく話すんだけど、さっきの看護師さんの例もすごくいい話ですね。

鷲田——だから、違う普遍性がある？

河合——ええ、違う普遍性があるんです。それがさっき言ったように、単純な方法論的普遍性ではないんじゃないですか。おじいさんの上で寝るとか、糖尿病の人が来たら海釣りを勧めるとか。

鷲田——そういえば、アドルノという哲学者が「エッセーというのは哲学の論文よりもはるかに哲学的なときがある」ということを言ってましてね。彼は「自分が取るのは非方法の方法だ」と言っているんです。方法主義の批判をするときに、「だからと言って、ちゃらんぽらんに何をやれという意味でもなくて、非方法という方法をおれは使っている」と言って、居直っているんです。

河合――僕ら、一緒やね。

鷲田――でも、その人はものすごく理詰めの論文を書いてるんですけどね。非方法の方法というのは実はいちばん難しい。

河合――それはそうですよね。

鷲田――次の宿題が……。毎回、先生は宿題をくれはりますね。もう一つの普遍性について考えなさいと。

河合――そうですね。普遍性のそれを、もうちょっと。

鷲田――違う普遍性のイメージというものを持つということですね。

河合――僕は「個より普遍に至る道」と言っているんです。ふつうは普遍から普遍に至ると言いますけど。

鷲田――なるほど。哲学もそういう語りができるんじゃないでしょうか。

河合――だんだん、だんだんそうなるのと違いますかね。そのほうが皆もまた聴くようになるでしょうしね。

鷲田――今のところは、徹底的にやっぱり同業者にはばかにされています。つまり、そういう臨床的な知と、そんな一例を取り上げてごじゃごじゃ面白く話をして、それで何になるんやということをよく言われる。

河合――僕は、今から三〇年ほど前は、徹底的に同業者にばかにされてたんですよ。

鷲田――三〇年遅れで。もうちょっとばかにされつづけたいと。

河合――ばかにされつづけているうちに、そのうち退官になりますけど。

鷲田――そのころベッドで寝ていて、もたれてもらっていて監視する。

河合――そういう人は今度、「文化高齢者」とかいうやつになりますよ（笑）。

鷲田――文化高齢者？ 先生、ミネルバのフクロウは人が寝ているときに起きてましたでしょ？

河合――それいいですね。さっきの高齢者なんかミネルバのフクロウですよ。看護師さんが寝ているときにパチッと目を開けて……。

鷲田――だから、私もいじめられた果てに、三〇年後に無事、ミネルバのフクロウに、文化高齢者になると。わかりました。心して。

「語り」と「声」

鷲田清一

「語り」について

他者の「全人的理解」?

「わたしには他人の痛みというのがどうしても分からないんです……」。わたしはこういう率直な発言が好きだ。

ケアについて考えるとき、ひとはよく他者の「全人的理解」などということばを口にする。だれかを、そのひとが置かれている状況とそこでの想いもふくめ、まるごとしっかり理解する? しかしもし「理解」ということが、他人と同じ気持ちになること、より具体的には他人と同じように感じたり、同じように考えたりすることだとしたら、そのようなことはひとりの人間にはおそらく不可能なことであろう。また感情伝染のばあいのように、不意にまるで天啓のように他人と同一の感情にとらえられるということもないではないであろうが、それは感情の共振ということであっても他者の理解ではない。なぜならそこには、「他者の理解」というものがなりたつ前提である、自他のあいだの隔たりというものが消去されているからだ。

それに「全人的」ということにも異論がある。ひとは一個の全体としてとらえられるほどまとまった存在ではないからである。患者の「全人的理解」ということが看護においてしきりに要請されるようになったのには、もちろんそれなりの理由があることは分からないでもない。患者を看護の一個の対象として見る、そういう、技術先行の、感情の通いあわない関係への医療現場の反省からそれは生まれてきたのだろうし、よく言われるように、病院のなかで看護というといとなみが〈主体―客体〉の関係へと歪められ、結果として患者を「ケアされるひと」という受け身の存在のなかに閉じ込めることになって、そこにともに手をたずさえて病に向かうという過程が欠落しがちなことへの反省からも、そういうふうに要請されることになったのだろう。あるいはまた、病というものをそのひとの生活や人生の全体との関連において重い意味のある出来事としてとらえることをしないで、患部、つまりひとの身体の局所的な出来事としてとらえてしまうことへの反省というものも、そこにはあったのだろう。

しかし、「全人的」というのは過酷な要請である。先に述べたように、ひとはまずひとつの完結した全体としてとらえうるようなものではない。いつまでも疼《うず》く過去の外傷《トラウマ》、消えようにも消えないコンプレックス、どうしようもなく反復される無意識の欲動、そしていわゆるたち……。そういう、なぜそうなるのかじぶんでも判然としないままじぶんの〈生〉をこれまで象《かたど》ってきた性向というものがある。また、フロイトが指摘していたように、ほんとうに大事なものを隠すためにどうでもいいことばかり憶《おぼ》えているということもある。記憶ひとつとっても鵜呑みにはできない。そんな隙間や暗がりがいっぱいある。その点で、ひとはじぶんのこともじぶんでは「全体」としては理解できないと言うほかない。意識という面からすれば、その視野は限られ、その地平はいわば歪みだらけ、穴だらけになっているし、意識の地平じたいも複数のそれが複雑に絡みあい、すれ違い、交差し、錯綜しているというのが実情ではないだろうか。

自己というもののまとまった像など、だれも思い描くことはできないのである。「物事にはいろいろの性質があり、魂にはいろいろの性向がある。なぜなら、魂に現われてくるもので単一なものはなく、また魂はどの対象に対しても単一なものとしては現われないからである。ひとは同一のことで、泣いたり笑ったりする」。言いかえると、「人間はつねに分裂し、じぶん自身に反対している」……。こう書いたのは、一七世紀フランスの思想家、ブレーズ・パスカル（『パンセ』、前田陽一訳）である。じぶんのことですらそうなのに、はたして他者についてその「全体」を知るということなどできるものだろうか。そして「他者の理解」ができなければ、看護というものは頓挫してしまうほかないのだろうか、ほんとうに。

時間のなかの出来事

家裁で調停の仕事をしている知人から、こんな話を聞いたことがある。言いあって、言いあって、言いあったはてに、万策尽きて、もはや歩み寄りの余地、「合意」の余地はないとあきらめきったそのときから、ようやっと「分かりあう」ということがはじまる、と。この話はいろんなことを考えさせる。

まず、分かる、理解するというのは、感情の一致、意見の一致をみるということではないということ。むしろ同じことに直面しても、ああこのひとはこんなふうに感じるのかというように、自他のあいだの差異を深く、そして微細に思い知らされることだということ。言いかえると、他人の想いにふれて、それをじぶんの理解の枠におさめようとしないということ。そのことでひとは他者としての他者の存在にはじめて接することになる。

ということは、他者の理解においては、同じ想いになることではなく、じぶんにはとても了解しがたいその想いを、否定するのではなくそれでも了解しようとおもうこと、つまり、その分かろうとする姿勢にこそ他者はときに応えるということである。そして相手には、そのなんとか分かりたいという気持ちそのものが、かろうじて、しかしたしかに、伝わるのだ。つまり、ことばを受けとってくれたという感触のほうが、主張を受け入れてくれたということよりも意味が大きい。言っていることが認められたというよりも、言ったことばが、たとえまちがっていても、しかしとりあえずそのまま受け入れられた、それがそれとして肯定されたという感触が大切なのだとおもう。

事実、ひとには、それがじぶんにとって重大であればあるほど分かられてたまるかという想いがある。大事なことをようやっとぼそぼそと、あるいはとつとつと、口にしたときに、「その気持ち、分かります」などと言われれば、かえって「何が分かったの?」と返したくなる。あるいは逆に、聴く側とすれば、ここで分からないといけないのだろうけれど、でもどうしても分かりたくないというシチュエーションもあるだろう。真剣に聴こうとすればするほど、そういうことは起こりがちである。もっとややこしいこともある。他人の話を聴くときには、相手が「分かってもらえてうれしい」と言ってくれたときでさえも、じぶんはほんとうにこのひとのことが分かっているのか、どうしても分からない、分かったという感触がない……などとなかなか納得がいかないものなのに、じぶんが聴いてもらうときにはなぜか、ああ、分かってもらえたという確信のようなものがしっかり生まれるものである。この非対称はとても不思議だ。

このように見てくると、理解するとは、合意とか合一といった到着点をめがけるものではなく、分からないままに身をさらしあう果てしのないプロセスなのではないかとおもえてくる。一致よりも不一致、伝達よりも伝達不能、それを思い知ることこそが、理解においては重要な意味をもつ、と。そういう苦い過程を踏んだあとでこそ、「あのときは分からなかったけれど、いまだったら分かる」ということも起こるのではないだろうか。そのとき、そういう過程をくぐることで、わたし自身が変わったのだ。そういう出来事が起こることが大事なのであって、その場で分かるか分からないかはたいしたことではない。理解はつねに時間的な出来事でもあるのだ。そのかぎりで、他者を理解するということのうちには、他者の想いにふれ、それを受け入れることで、自己のうちで何かが変わる、これまでとは違ったふうにじぶんを感じられるようになるという出来事が起こるということが含まれているのだとおもう。

結局、じぶんとの関係がどうこうということを離れて、つまりじぶんが言ったことが承認されるかされないかは別にして、それでもじぶんのことを分かろうと相手がじぶんに関心をもちつづけていてくれることを相手のことばやふるまいのうちに確認できたとき、ひとは「分かってもらえた」と感じるのだろう。理解できないからといってこの場から立ち去らないこと、それでもなんとか分かろうとすること、その姿勢が理解においてはいちばんたいせつなのだろう。

「わたしには他人の痛みというのがどうしても分からないんです……」。そのことばを口にしたのは、じつは知人の工学研究者である。彼の妻は、夫とともに米国で生活していたときに、交通事故にあった。訴訟で神経をすり減らしたあと、神経に失調をきたし、はげしい閉所恐怖症になり、日本に帰ってからもたとえば新幹線に乗っても一時間も列車の箱のなかにいられない。それで、東京から広島の実家に帰るときも数十分おきにドアの開く各駅停車のこだまに乗らざるをえなかったという。彼女の恐怖がどういうものか、よく分からない。だけど仕方ないからつきあって、いまもこだまに乗って移動しているという。彼女の傍らを去らないで、ずっといっしょに移動する……。そのことが彼のばあい、彼女へのたしかな「理解」になっていたのではないかと、わたしはおもう。

が、彼女の傍らから去らない、ただそれだけのことが「理解」になっているというとき、そこに何が起こっているのだろうか。

関心ということ

その問題を考えるとき、ケアはケアを必要としているひとに何かをしてあげることだという思い込みから、まずは自由になる必要があるだろう。

さて、沈黙が饒舌よりはるかに物を言うことがあるように、何もしないことが献身的な行為よりも多くをなしとげるということがある。いや何もしないというより、してはいけないことが、結果としてはよりよいことをなしとげるということすらある。そしてこれが、現実というもののおもしろいところ、一筋縄ではいかないところだ。

河合隼雄氏との対談のなかでもふれたことだが、十数年前、腹部の手術のために入院したことがある。術後数日間はじぶんの身体のことで精一杯だったが、麻酔が切れたあとの痛みもぼちぼち取れてきて、やっとまわりを見る余裕もでてきた頃、ふと、あるひとりの新人ナースとおぼしき女性の不審な行動に気づいた。だれもが眠気に襲われる昼食後のひととき、白衣のその女性は、決まってわたしの前の、意識も半分途切れがちな高齢の男性のベッドにやってきて、付き添い用の椅子に腰かけ、カーテンをわずかに引き、眠りこけているそのおじいさんの布団に覆いかぶさって、ぐたーっと「お休み」をするのだった。

はじめはなんて横着なナース、なんてふてぶてしいナースだと、内心イライラするものがあった。ところがどうも様子がおかしい。ナースはぐっすり眠っているのだが、おじいさんがいつもと違うのだ。おじいさんは相当な高齢者で、食事のときも半分眠っているような覚束ないひとだったのだが、ナースが寝入ると逆に眼を見開いて廊下のほうをじっと見やるようになった。要するに見張り、この若いナースが眠っているのを見咎《みとが》められないか、しっかり廊下を監視するようになったのだ。そして、上司のナースが通りかかると、彼女の背中をぽんと叩いて起こす。おじいさんの面持ちは、ちょっとこっちが照れるくらいに潑剌としてきた。

そのおじいさんは、病室ではそれまで、何から何までナースに「してもらう」生活だった。他人のために何かをするという生活からは、たぶんほど遠い生活だった。それがだれかのためにじぶんにできることを、その覚束ない意識のなかでそれでも見つけた。

これは大きなことである。じぶんの存在というものが他人のなかで何のポジティブな意味ももっていないということを思い知らされるのは、何歳になっても辛《つら》いことである。じぶんはいてもいなくてもどっちでもいい存在ということを思い知らされるのは。家庭でも、学校でも、職場でも。このおじいさんは、この子はじぶんがいないとだめになると、朧《おぼろ》げな意識のなかで感じたにちがいない。そのことがこのひとの顔をいきいきとさせた。

生きる力というものは、じぶんの存在が他人のなかで意味があると感じるところから生まれる。この若いナースにはそういう想いはなかっただろうが、それでも彼女がそこにいるというただそのことが、意とは別におじいさんに力を与えた。たとえ怠慢以外の何ものでもないにしても、彼女がただそこにいるということで、逆に、おじいさんはそこにじぶんがいることの意味を見いだした……。そんなふうにわたしは考えた。このナースには患者にたいする「全人的な理解」があったわけでもなければ、患者とのこころの交通というものが起こっていたわけでもない。が、傍らにいるという、ただそれだけのことで起こってしまう出来事があるということである。仕事がおもしろくないらしく、横着なふるまいをくりかえしてばかりだったこのナースはやがて職場を去ったかもしれない。けれどもじぶんがおじいさんの脚に頭を預け居眠りしているあいだに起こっていたことをもし知れば、そしてそのことの意味をじぶんの業務のなかにうまく内在化できたとしたら、彼女はなかなか味のあるナース、話の分かるナースになったかもしれない。

このナースがもし患者さんに愚痴をこぼしていたら、どうだっただろうか。職場の不満を患者さんにこぼすなどというのはふつう、してはならないことの典型のように言われるが、しかし、患者の立場からすれば、それを聴くことがときに大きな意味をもつ。病院の事情がいっそうよく分かるからではない。不満を聴くことで、世話になるばかりといった患者の側の引け目が、それによってわずかながら緩和されるからだ。聴いてもらうばかりではない、じぶんだって聴いてあげられるのだ、つまりこんなじぶんでもここにいることに意味があるのだ、という想いがしずかに湧いてくるからだ。ドジも横着も、だれかとの関係のなかでそういうことが起こってしまうと、意図とは関係なしになんらかの意味をもってしまう。そして、「ああ、また薬の時間忘れている」、「大丈夫かな、あのひと……」と、はらはらしながら他人に気を揉《も》んでいるときには、患者はこんなじぶんでもここにいることに意味はあるのだろうかなどといった問いから解き放たれる。

わたしはこの患者さんにいったい何ができただろうか……と、じぶんを振り返ることはもちろん大事ではある。しかし、ケアをすぐに何かを「してあげる」ことと考えることには、ちょっとした落とし穴がある。そのことで患者は反対に、いつも何かを「してもらう」ひととしてじぶんを意識せざるをえなくなるからだ。そのことで患者の生きようという力を削いでしまう面が、ケアするひとのそういう意識のなかにはあるのである。その意味で、患者に心配をかけることが結果としてケアになるということは往々にしてある。

ひとはたしかに、じぶんのことを気に病んでくれるひとがいるということで、生きる力を得ることがある。見守られていると感じることで生きつづけることができる。が、しかし、ひとは他人にそのように関心をもたれることによってのみならず、他人に関心をもつことでも生きる力を内に感じることができる。生きる力というものは、しばしば、じぶんの存在が他人のなかで意味をもっていると感じるところから生まれるからである。

このことを象徴的にしめすひとつの例をわたしは知っている。拙著『〈弱さ〉のちから』(講談社)のなかでも紹介させていただいた映画「えんとこ」(伊勢真一監督)のなかの話である。遠藤滋という、重度の障害者として東京都ではじめて養護学校の教員に採用されたこのひとは、四〇を過ぎて障害がさらに重くなって教職を辞し、寝たきりの生活をはじめた。が、その介助を家族にではなく街の若者たちに、二四時間三交替の介助体制でしてもらうことにした。それがもう一〇年以上続いている。介護の勉強も体験もしたことのない若者たちに、である。そしてじぶんでは何もできないというそういう状況そのものを「学校」にしようとしたのだ。その「学校」には日誌がある。そのなかに引き継ぎの連絡事項のみならず、それぞれの個人的な悩みごとやときには遠藤さんへの不満まで率直に書かれている。そのなかに二つの対照的な文章があった。

たぶん同じことを友達に話しても、すごく軽くとられるようなことでも、遠藤さんなら一生懸命聴いてくれるし、本気で答えてくれるし、それがうれしかったんだと思います。

あなたが言語障害を持っててよかったと思う。一言一言を聞き漏らすまいと、耳を傾ける事ができるから。あなたが生まれてきてよかった。

聴いてもらえてうれしかったという感想と、聴くことができてよかったという感想。つまり他人に関心をもたれることだけでなく、他人に関心をもつことで、じぶんを支えることができたという想いが、ここには綴られている。ひとは他人に何かをしてもらうことでじぶんを支えることもできるが、他人に何かをしてあげることでもじぶんを支えることができる。ケアというのは、他人に力をあげることだけでなく、他人に力をもらうことでもあるのだ。そういう経験のなかから、遠藤さんの宣言、「他人に迷惑をかけること、それは大いに必要なことである」ということばが生まれた。

そういうふうに考えてくると、ケアの問題のいちばん核心にあるのは、ひとにおいてはだれかの傍らにいるというただそれだけのことで、力を与えあうという関係が両者のあいだで発生することになるのはなぜか、という問いだということが見えてくる。

念を押して、もうひとつ、わたしが聞いた話を。かつてわたしの哲学ゼミにいて、その後看護師の道を歩んだひとりの男の話なのだが、彼がはじめて精神病棟で勤務についた日、患者さんたちの病室にある混乱が起こり、先輩の看護師から「おーい、薬に行ってこい」と命じられた。「薬に行ってこい」というのは、病室のまんなかで寝てこいという意味だった。混乱のなかでひとりぽつんと大の字になって寝る。何もしない。ところがしばらくすると辺りがだんだん静かになり、気配を感じてふと目を開けると、こいつどうしたんだろう……といった顔つきで彼の顔をのぞき込むいくつかの顔があったというのである。これが「薬」なのだと、その先輩は言いたかったのである。「薬」とは、何もせずに患者の傍らにいつづけるということであった。生きる動機を内に感じあぐねている患者のなかに他者への関心が生まれるようにする「薬」であった。

極端な例ばかりを挙げすぎたかもしれない。しかし、ケアについて考えるときに、「何かをしてあげる」ことという意識からいちど外れてみてはじめて見えてくることがあるということを、いちどきちんと見ておきたかった。

関心のことを英語で interest という。interest はラテン語の inter-esse からきている。「あいだにあるということ」というほどの意味である。存在の相互性が起こるということ、そのことぬきに、他者にかかわるという「ケア」のいとなみはありえない。意識のない患者のばあい、存在のその相互性――ことばのやりとり、関心のもちあい――は表立っては起こらないが、そのばあいでさえもなんらかの相互性というものが生まれているはずだ。

もっともというか、だからというか、関心は強すぎてもいけない。「大きなお世話」になるからだ。相互性のすきまが詰まってしまうからだ。家族による介護にはそういう詰まりがよく起こる。家族のなかでは、相手が漏らす一言一言に過剰に反応してしまう。いちいち言わないでも分かっているといった、思い込まれた内密さが、わざわざことばを口にすることに過剰な意味づけをしてしまう。その意味づけが言外の傷のつけあいを招いてしまう。そしてふたたび、ことばを呑み込むのがいちばんいいということになる。甘えが思いやりになり、思いやりがこんどは、ひどい仕打ちに、あるいは頑なな防御に反転してしまうというのが、家族という関係だ。相互性は生まれかけてもすぐに塞《ふさ》がってしまう。「分かっている」という一方の思い込みが、「分からない」という事態を許さぬところがあり、「分からないであたりまえ」という他者どうしに、たがいがなかなかなりきれないからだ。

語りの手前で

関心をもつというのは、能動性のひとつの立ち上がりである。ではなぜ、能動性ということがここで意味をもつことになるのか。

ここで、ようやっと、〈語り〉ということが問題になる。

塞いでいるとき、打ちのめされているとき、陥没しているとき、その苦痛、苦悶について語るというのは、それじたいが痛いものである。痛いことは忘れたい、思いだしたくもないし、また大事なことはそれがそのまま通じるかこころもとないので、いやじぶんでもそれが分かっているか確信がもてないので、そうかんたんには口にできない。ほんとうに痛いことはたいていは呑み込まれるものであり、それから脱したいという気持ちさえ失《う》せさせるものである。が、それでも、痛みのなかにあるそのひとから痛みの声は聞こえてこないがゆえにそれは聴き取られねばならないとすれば、その理由はどこにあるか。

呑み込まれることば、それがひとの前でこぼれ落ちてくるまでには、気の遠くなるような過程がある。その過程をくぐり抜けて、それがさらに痛みを加重するのであってもそれでも聴き取られなければならないのは、じぶんの痛みについて語るということが、その痛みへのじぶんのかかわりを変えようとしはじめることだからだ。語る者と語られる者へとじぶんを多重化し、痛みのなかに陥没していたじぶんに距離を置こうとしはじめることだからだ。陥没じたいに距離をとる、この能動性の芽というべきものがそこに現われようとしているからだ。

ケアが、じっさいにはホスピスやカウンセリングケアのようにかならずしも一対一対応でなされるものでなく、多くのばあい多対多対応という込み入った場でなされるものであるにしても、ケアといういとなみは総じて、ケアがふれようとしている相手側のこの能動性に賭けるものだと言えるとおもう。

聴くということはしかし、とてつもなくむずかしい。語りは語りを求めるひとの前ではこぼれ落ちてこないものだからである。語りはそれをじっくり待つひとの前でかろうじて開かれる。「ことばが注意をもって聴き取られることが必要なのではない。注意をもって聴く耳があって、はじめてことばが生まれるのである」と、かってわたしは書いたことがあるが（『「聴く」ことの力』）、じぶんがどんなことを言おうとも、そのままそれを受け入れてもらえるという確信、さらには語りだしたことで発生してしまうかもしれないさまざまの問題にも最後までつきあってもらえるという確信がなければ、ひとはじぶんのもつれた想いについて語りださないものだ。なぜか。語るということは、他人の前でじぶんが多重化すること、つまりは着地点が見えないままじぶんを不安定に漂わせるということであり、つまりはみずからを無防備にする行為だからである。そんな危うい姿をひとの前に晒《さら》すことはない（むかしの女性が、鏡の前で粧《よそお》うところを他人に見られることを慎重に避けたのは、じぶんを多重化することのこの不安定をこころしていたからであろう）。だから、語りの手前で、ことばの宛先として承認されることがなければ、語りは生まれない。だから、語りの手前で、急《せ》かすでもなくじっくり待つ、つまりは時を重ねるということがどうしても必要になってくる。

が、わたしたちは待つことに焦《じ》れて、ついことばを迎えにゆく。「あなたが言いたいのはこういうことじゃないの?」というふうに。語りにくいことを呑み込みかけているときに、すらすらとしたことばを向けられればだれしもそれに飛びついてしまう。語ろうとしてその語りがじぶんの塞ぎをうまく言い当てているか、そのことばの感触をいちいち確かめながらしか語りえないひとにとって、すらすらした物語は一条の光のように感じられる。そしてそれに乗る。じぶんでとぎれとぎれにことばを紡ぎだす苦しい時をまたいで。こうして、とつとつと語りはじめたその能動性の芽が摘まれてしまう。ことばを待って受け取るはずの者のその前のめりの聴き方が、やっと出かけたことばを逸《そ》らせてしまうのである。

〈語る／聴く〉のなかの共犯関係

　聴くといういとなみのなかでことばが逸らされるのは、ことばを迎えにゆくなかで起こるだけではない。詰まりながらもしっかり語りだされたことばもまた、聴くなかで逸らされることがある。

　語りとは語りなおしのことである。語りのなかでひとはじぶんを編みなおす。「自己のアイデンティティとは、じぶんが何者であるかを自己に語って聞かせるストーリーである」と述べたのはR・D・レインだが、生きるということには、このような「じぶんに語って聞かせるストーリー」が自他のあいだで、そのストーリーをたがいに無効化しあう齟齬《そご》や不協和を惹き起こしながら何度も何度も破綻《はたん》する果てしのない過程であると言える面がある。あるいは、そのなかでそのストーリーをたえず別のしかたで語りなおすべく試みる過程であるともいえる。ストーリー（物語）を壊して語りなおすこと、それを壊して壊して、どこか別のところに引っ越すこと。物語ることによって、これまでとは違ったかたちでじぶんにかかわれるようになると言ったのは、そういうことである。

ことばは、かたちを求めてうごめくものにかたちを与える。ことばがかたちとなって、かたちなきものが固められる。「語る」とは自己の記述のしなおしであるかぎり、そこにどうしても「騙《かた》る」という契機が忍び込まざるをえない。そして、じぶんをある物語のなかに「それがわたしだ」というふうにうまく挿し込むことができるのは、それがひとつの物語であることを忘れて、じぶんそのものであると感じることによるのだから、「語り」はそれがしっくりくるものであるだけ「騙り」であるとは見えなくなる。「語り」と「騙り」のすきまが埋まってしまうのである。だから、ある物語を身から引きはがすことは、ほとんどじぶんを破綻《はたん》させることと同じになる。そして物語が強固であればあるだけ、語りなおしは困難になる。だから、語りなおしには、まず硬直した物語をぐらつかせるということが必要になる。だが、物語をぐらつかせることはそのまま自己をぐらつかせるということなので、そこに一種の介添えというものが必要になる。臨床での〈聴く〉といういとなみには、そういうふうに物語を解《ほど》くという面がある。それはもちろん、ことばで固められたものをほぐすということでもある。そのとき「ぐらつき」は「ほぐし」へと転じる。が、その「ほぐし」はどこへと向かうのか。

河合隼雄氏は、「心理療法の根本」にふれた短い論考のなかで、こう書いている。心理療法を志し関連の本を読みはじめたひとはしばしば、カウンセラーが「思いがけない『解釈』や『助言』などをして、クライアントが翻然として『洞察』したり、行動が急変したりするところ」、つまりは「カッコーがよい」場面に感激するものだが、「『洞察』によって人間が急激に変化するようなことはあまりなく、あったとしても、長い間の『聴く』経験の積み重ねの上に生じてくることで、そのこと自体それほど重要ではない」。「それでも上記のような話は絶えないし、自分自身も人前で話すときは、そのようなパターンの話をついしたくなるのは、現代人というのが、いかに因果律的思考に縛られ、『こうすれば、こうなる』というタイプの考えを好み、それに基づく『操作』をしたがるかを示している。『ただ聴いているだけ』でよくなる話は信じがたく、治療者が積極的に何かをすることによって『治す』ことが常に期待されるのである」、と（「聴き入る」、河合隼雄著作集第Ⅱ期第2巻『心理療法の展開』、岩波書店）。

これにたいして、「聴き入る」というのは「羅針盤なしで航海する」ような危うさをともなういとなみで、「あまりにも不確実なので、偽りの海図や偽りの羅針盤にだまされそうになったりする」。では、「聴き入る」というときの「入る」はどこに入ることなのか。それを河合氏は、「クライアントと治療者の間の何らかのポイントX」というふうに表現している。ポイントXとは、クライアントと治療者のいずれにも見えないものである。そしてそれはすぐに「妄想」へと転落しうるものでもある。「『物語』に無警戒にひき寄せられると、クライアントとともに妄想の世界に落ちこんだり、転移／逆転移関係のなかで身動きできなくなったりする」（「心理療法における『物語』の意義」、同書所収）。それだけではない。「Xを見出すことに焦ると、なかなか『聴き入る』ことができなくなる」（前掲論文）し、中途半端な「理解」や「解釈」はXへの途をかえって塞いでしまう。「聴き入る」ことのむずかしさについて、河合氏はそのように言う。聴く、受けとめるということがそのまま逸らすということに転じてしまうむずかしさについて、である。

これは、語る者と聴く者とが、語りなおしというかたちで新たな物語の収束を焦るがゆえに起こるむずかしさであるともいえる。語りづらいことをそれでも語りだそうとするのは、言いかえると、語りなおしに証人が要るのは、おそらく、ポイントXの存在に何か客観的な根拠といったものを提示しがたいがゆえに、それを「正しい」物語、「望ましい物語」としてともに確定するもうひとつの眼を求めるからであろう。みずから紡ぎだそうとしている物語をともに肯定してくれるその眼を求めるあまり、（ことばはわるいが）その眼に媚びるということが起こる。つまり、治療者がともにたぐり寄せようとしている物語にじぶんを合わせてゆく。ポイントXを共同して仮構してしまうのである。

語りのゆくえ

ここで思いだされるのは、出口泰靖氏の「痴呆」介護をめぐる論考「かれらを『痴呆性老人』と呼ぶ前に」(「現代思想」二〇〇二年六月号)だ。出口氏はそのなかで、「パッシング・ケア」(やり過ごすケア)なるものについて論じている。パッシングというのは、「さりげなくすること、ごまかし、すり抜け、隠蔽、つじつま合わせ、取り繕い」などといった意味である。「呆けゆく」ひとのその「呆けた」話にパッシングというかたちで応じることで、つまり「呆けゆく」事態を覆い隠すことで、そのひとの定かならぬ不安を緩和させるケアは、老人介護の場面ではよく見られることである。「本人による『呆け』の受けとめを、本人自身のパースペクティブから捉えようとする」ことは、ケアの視点からすれば大切なことだが、「少なくとも本人には『呆け』様態行為に向き合わせないようにする現在の日本の痴呆ケアの現状では、本人にとって非常に暴力的で残酷なこと」であると、出口氏は言う。じっさい、多くの家族や周囲の者は、『呆けになっては困る』という焦燥感から、本人の言動が少しでもずれたり間違えたり失敗したりすると、間違いを細部にわたって指摘して修正を迫り、失敗をしないように今までの生活の中での役割を取り上げて保護的になり、言動を管理しはじめる」。そして、「呆けゆく」ひとをますます受け身にし、そのひとが何かを表出するそのきっかけを奪ってしまう。

ここで出口氏が挙げている例ではなく、わたし自身がある介護士の方から聞いた話を例にとって、やり過ごすケアのことをすこし考えておきたい。

ある老人ホームでのこと。夜中の一二時になるときまって、枕元の風呂敷包みを脇に抱え、廊下を徘徊する元大学教授がいる。一二時というのは、午後の授業に出かける時間のことらしい。で、その介護士のひとが「きのうのご講義はいかがでした？」と尋ねると、「わたしがいまさら講義に行くはずがないではないか」と諭《さと》され、その夜から徘徊はぴたりとなくなったというのである。

その話を知り合いのナースにすると、祖母の世話をしているとき、わたしもよく似た経験をした、と語ってくれた。毎日、衣装簞笥《だんす》の引き出しを順に開けては閉め、ぜんぶ開けたらまた最初に戻るということを延々とくりかえす女性の話である。横から何を言ってもやめないと、家族はこぼしている。その日、たまたまご機嫌うかがいに出向いたその孫の看護師の前で、「もう死ぬし、着物あげる」とまた引き出しを開けだした。この孫は、「もらう。けどいまは家に箪笥《たんす》ないから預かっといて」と答えたら、箪笥開けはそれを機にあっけなく止んだという。

相手が何かひとつの世界に入りきっているときに、それを横から制したり諭したりするのではなく、逆にいっしょにその世界に入り込むと、相手はふと目覚め、浸りきっていた世界にすっと距離がとれるようになる……。まるで秘儀のように（これは、文字どおりではないが、河合隼雄氏との語らいのなかでいただいたことばである）。

もちろん、いつもそういうふうにはいかないだろう。いっしょにその世界に入ることで、事態をもっとこじらせてしまうことのほうが多いかもしれない。それにしても、ひとはじぶんが浸りきっている存在の世界がじつは世界ではないということに、どこで気づくのだろうか。この謎をわたしはいまだ解けないでいる。が、ただひとつ、そのためには、そのひとがそれまでの人生を何を軸としてじぶんが納得できるようまとめてきたかを考える必要がありそうだということ、そのことだけは予感としてある。「物語」という視点がいろいろに問題を含みながらも、どうしても棄てられない理由のひとつはそこにあるような気がする。

さて、出口氏は、現場からの報告として、もうひとつ、こうしたやり過ごすケアとは別の、「ある意味で逆方向から『呆けゆく』人本人に自らの『呆け』に向き合い、認め合う作業を行って、『呆けゆく』人本人に〝自己開示してもらうケア〟」というものがあるという。それは「下手をすればまるで生傷に塩をすり込むような、不安でたまらなくさせるような行ない」であるが、「面子《メンツ》が脅かされる」という危うい状況をもあくまでていねいにフォローしながら、たとえば次のようなつぶやきを汲みだしてくるところまでゆくケアである。

「物忘れがあっても気にならない社会があるといいなあ。とかく物忘れがあると恥ずかしい気持ちになり、適当に話を聞いて分かったふりをする。でも、後から話が合わなくなってしまうことがある。そんなときには悔しいことだが、仕方がないとあきらめる。そうすると、気が楽になる。（中略）人間は忘れることも、ときにはよいこともある。人間は忘れるようになっている。何もかも頭の中に入れておくことができない。こんなことは当たり前のことだと思う。忘れるから覚えると思う。物忘れをしたらまた人に聞けばいい。みんながしっかりしてくれと励ましてくれる。だけど、どんなに励まされてもできないことはできない。そんなことを理解してもらいたい」

わたしには、この訴えは、きのうじぶんがあんなにも揺さぶられ「心がグシャグシャ」だったのに、「それが翌日には完全に平穏になって、シャンプーできれいに洗い流したみたいに、心がツルンとして、『あの時は何かおかしかったんだ』と自分の中で『何かが、済んだ』ような感じになってしまっているのが、不思議で、イヤだった」という、村上龍の『ラブ&ポップ』（幻冬舎文庫）における女子高校生のため息とほとんど重なって聞こえる。そして、あのときもいまもそして明日もじぶんが「同じじぶん」であると言える根拠はどこにあるのかと呆然とする。アイデンティティ（同一性）とそっけなく言われる事態が、どうしてこうも脆いものとして感受されざるをえないのか、それをどこか共有しているわたしとは何か、そしてそのわたしがその繊維に編まれるようにして現に存在しているこの時代とは何か。そんな問いにふと襲われる……。

先の例のように相手がある世界に入り込んでいるときにその世界にいっしょに入り込むばあいであれ、この例のように「呆けゆく」ことを了解するところまでともに歩んでゆくばあいであれ、そこにはおそらく最後の着地点といったものはない。揺れながら、揺れる船の平衡をかろうじてとりつづける過程しかおそらくそこにはない。なぜなら、聴く者それ自身が内に抱え込んでいて、ふだんは押し込めている問題がそこに浮上してくるからである。聴くなかで聴く方がじぶん自身を聴かざるをえないという状況のなかへ、じぶんをインボルブしてしまうからである。

そして、聴くことは聴くことで終わらない。語りの手前に語りの可能性がかかっていたように、語りの後もまた聴かれた語りは重くのしかかってくる。聴くということは、一方で、じぶんを語りなおさざるをえないというふうに語るひとを追い込んでいるその問題状況を時代への問いのなかに置きなおすことを求めているし、他方で、おなじことがじぶん自身をめぐっても突きつけられる。語りはその意味で、語る者と聴く者とのあいだに閉ざされてはならないし、また閉じるわけもない。

「声」について

声の肌理《きめ》

語る／聴くというのは、終わりのない過程である。とすれば、ここからケアの不可能性という帰結を導きだすしかないのだろうか。そうではない。聴くことがひとを支えるという場面をわたしたちはくりかえし眼にしてきたはずだ。だが、そこに起こっていることはいったい何なのか。それに答えるために、わたしはもっともっと見なければならない。事実に学ばねばならない。いまは、わたしのこれまでの立論のなかでも見えてくることがらのそのひとつに焦点を絞って、考えを気ままに綴っておきたい。

語りはまずは呑み込まれる、引きこもる、と言った。語りの手前でということで、わたしが問題にしたのは、聴くということは、語られる内容ではなく（ことばはまだこぼれ落ちてこないのだから）、語るひとのその語りからの撤退をこそ聴くことからはじまるということである。撤退そのものを聴く、そういう耳があってはじめて語る者の痛みはようやく声へと繋がる。

声と言えば、川田順造氏がその著『聲』（筑摩書房）の冒頭で、こんなふうに書いている。

声をだす、かける、たてる、あげる、あらげる、はげます、おとす、しぼる、ふるわす、しのばせる……。声は人間の生理の、深くやわらかな部分に直結しているらしい。そして声を発することは、声を発するという行為を支える状況性と、声を発する者の現前性と、声の向けられた相手の特定性とをまきぞえにして成り立っている。声は私の体内から出るものでありながら、口から発せられたあとでは他人と共有されてしまう。声を発することがもつ暴力性、凌辱性と、声を人前にさらすことへの羞恥という両極性も、それらのことと無関係ではあるまい。

声の怖さ、声の妖《あや》しさ、声の甘さ、声の辛さ……。そういうものが声をめぐるどういう状況から分化してくるのかを、大きくとらえた文章である。この声の諸相をくまなく分析する用意はいまのわたしにはないが、聴くという場面では、語る側の、あるいは聴く側の声が、語りの意味以上に大きく相手にはたらきかける面がある。恫喝《どうかつ》から誘惑まで、あるいは哄笑から慰めや甘えまで、声には意味を超えた力がある。それは声がひとつの顔であるからだ、とわたしはおもう。朗読は不特定の聞き手に向けてなされるが、痛みの語りは特定のだれかに向かってなされる。「声を発する者の現前性」と「声の向けられた相手の特定性」とが、そこではまさに「まきぞえに」される。

だれかのことを想うのに、そのひとの顔を思い浮かべずにそのひとのことを想うことはできない、と言ったのは和辻哲郎である。声についてもおなじことが言える。だれかのことを想う。そのときそのひとの顔とともに声が聞こえてくる。何かの台詞《せりふ》というよりも、からから笑う声とか声のぬめりとか。そう、声のきめとでも言うべきものが。顔も声も、ということだろうか。いやちがうとおもう。声がそのひとの〈顔〉として現われてくるのだとおもう。

〈顔〉とは顔面のことではない。〈顔〉を思い浮かべるとき、顔面の子細が浮き上がってくるわけではない。毎日見なれている家族の顔でも眉毛がどうだとか耳のかたちがどうだとか言われると、それを図解することも、ことばで再現することもできない。〈顔〉を知っているということは、その造形を細部まで熟知しているということではないのだ。そしてだれかの〈顔〉はときに、そのひとの漠とした後ろ姿でも掌《てのひら》のたたずまいでもありうる。だれかの〈顔〉はそのひとの顔面のことではなく、そのひとがわたしにふれるときのその気配とでもいうべきものだ。だから声も、そのひとのことを想うときにかならず響いてくるものであれば、それはそのひとの〈顔〉だと言ってよい。「きめ」は「肌理」とも書くが、まさに声はわたしの皮膚にふれてくる他者の〈顔〉なのだ。

さて、臨床におけることばというものを考えてみるときに、そもそも臨床のことばとは何かということが問題になろう。臨床のことばというのは、カルテに記入されるような書字ではなく、声に出してつぶやかれる語りである。語りには書字にはないものがある。声である。書字にかたちがあるように、語りには声がある。語りにおいて、ことばは意味を含むものとしてだけではなく、声としても発せられる。語りそして声は、語りにおいて意味を超えた力をもつ。臨床のことばについて考えるときに、語りの〈意味〉(text) についてのほかに、語りのこの〈声〉(texture＝きめ) についても考えておく必要がある。

生存の、「心」よりももっと古い生地

どうしてもいやな声、聴きたくない声というものがある。顔を顰《しか》めたくなるくらい不快でどうしても受けつけない声のこともあれば、それにふれるだけで身も凍りついてしまうほど怖い声のこともある。どういう話、どういう命令かは別として、聴く以前にその声にふれることじたいを忌避したくなる声である。そうかと思えば、とにかく声を聴きたい、その声に包まれていたいと、ただもうそれだけを切に希《ねが》うような声もある。あの声にふれたい、ふれたくないというたしかな感情は、いったいどこから湧きでてくるのか。

映像でしか観たことはないが、草原に佇む鹿は、ぴくっぴくっと断続的に耳を震わせる。透明な閑《しず》けさのなかで空気を切るように、それこそ震えるように過敏であるようにも見えるし、とぼけた顔でじつはひどく怯《おび》えているようにも見える。そして微かな気配の兆《きざ》しを感知するや、身をひるがえしてその場を立ち去る。

「命令は言葉よりも古い。（中略）少なくとも、命令が何らかの形態で人間社会の外部に存在していることは明らかである」と書いたのは、『群衆と権力』（岩田行一訳、法政大学出版局）のエリアス・カネッティである。命令という、命じられる者だけではなく命じる者自身にも深くのこる〈棘《とげ》〉についてつぶさに語ろうとするそのカネッティは、「逃走」というかたちで思考なしに鹿を動かす命令について、ほぼつぎのように書いている。命令というのは、その原始の形態においては、一方が他方を脅かすというかたちで二匹の異種動物のあいだに起こる。そのとき逃走は「死刑判決に対する、最後の、そして唯一の控訴」である。「もっとも古い命令――そして人類が誕生するはるか以前に下された命令」は死刑判決であり、そのために犠牲者はやむをえず逃走するのだ、と。

　人間が下す命令においては、こうした死への怯えは消えているようにも見える。約束や契約から、命令は合理的に下されるように見える。そういう見かけは「買収」という事実からくる、とカネッティは言う。一方が食糧を与え、他方がそれを受け取る、つまり主人が奴隷を、母親が子どもを「養う」というつながりが死の緊迫を覆い隠すのだが、一方が他方のいのちを握っているという事実に変わりはない。

そのかぎりで、「死刑判決の残酷さ」がそこには沈澱している。それがちらっとでも顔をのぞかせたとき、ひとは「傷つく」。

愛する者のことばにも、さりげない命令、穏やかな命令が潜んでいる。一方がそれを命令形ではなく、命令ともつゆ思わずに要求したことが、他方に折にふれて疼く根深い傷痕を刻んでしまう。あるいは倫理。ひとであるかぎり守るべき最低の約束事と思われることが、それに進んで従おうとする主体にさえ、見えない傷をのこす。あらためて言うこともないが、倫理もまた命令のかたちをとる。生き延びたいなら言うことを聴け。そういう掟《おきて》として倫理はある。

言うことを聴く。そう、聴くということにはどうにも抗《あらが》いようのない服従という面がたしかにある。聴くことはひとの無力を表わしもするのだ。

「言うこと」を「聴く」には、「言うこと」に託されている意味を読まねばならない。それをまずは思い知らされ、つぎにはそれを迎えにいかなければならない。その「言うこと」はしかし、どこに刻まれるのだろうか。

きっと「心」よりももっと古い生地……。しかし、だれの？

身震い

音がするのは共振という現象である。音は聴こえる。聴こえるかぎり聴く者がいる。音として聴こえるものは振動している。それがどこかに共鳴盤ないしは反響箱を見いだしたとき、そこに鳴る／聴こえるという出来事が起こる。そのとき、耳があるから音が聴こえるのか、あるいは逆に、音がそれに傾く耳を生みだすのか。これはそうかんたんな問題ではない。

共鳴盤ないしは反響箱、とわたしは言った。その盤として鼓膜を、その箱として身体を、念頭に置いてのことだが、それは聴くものが生きものだからだ。水や樹もピアノも音を立てるが、それらは聴かない。空気を振動させる物、それに鼓膜が共振して聴くということが起こる。しかし鼓膜もまた、紙や皮に似たひとつの物ではある。現に楽器はそういう物で共鳴を起こす。ではなぜ、鼓膜が振動したときに、それが聴くという出来事になるのか、それが問題だ。

声がここで問題になる。音ではなく、声。

声は生きものから聴こえるものである。喉《のど》を絞って音を出す。啼《な》く、呻《うめ》く、叫ぶ、吠える、嘶《いなな》く……。そして声とは言えないが、すーすー、はーはー、ぜーぜー、息をする音。身体をもつものがその身体を擦《す》りあわせて摩擦音を生じさせる。昆虫なども羽を擦りあわせて音を立て、それで交信しているが、声というときには、息とともに喉から絞りだされてくる音をさす。では、顔面から響いてくるその音はなぜ、声という格別の意味をもつのか。

身体が振動する。震えもするし、震わせられもする。寒いとき、怖いとき、指先がぶるぶる震え、歯がかちかちぶつかり、胴体ががくがく揺れる。じぶんでは止めようもなく身体がまるで痙攣《けいれん》するように震える。貧乏ゆすりのように、からだが焦《じ》れて、がたがた揺れるときもある。それにたいして、声を絞りだすというのは、ほとんど震えとも意識されないような震えだ。たとえばうずくまって、喉の奥を擦りあわせて、うーっと唸る。語るときも、語りかける相手に向かってからだを動かし、喉を笛のように震わせる。

身を擦りあわせるということ。身体がみずからに触れるということ。ここに

〈魂〉という、ひとのいのちの原型を見るのはミシェル・セールだ。「皮膚の組織は自らの上に折り畳まれている」と、セールはその著『五感』（米山親能訳、法政大学出版局）のなかで言う。「折り畳まれたひだもなく、自分自身の上に触ることもないならば、真の内的感覚も、固有の肉体もないだろうし、体感《セネステジー》も感じなくなり、真の意味での身体図式もなくなり、静止したような失神状態のなかで意識もなく生きることとなろう」、と。

それ自身に触れるということ。たとえば二つの唇のくっつくところ、嚙みしめられた歯のあいだ、閉じられた瞼《まぶた》、重ねられた腿《もも》、合わされた掌、額に当てられた指、握りしめた拳《こぶし》のなか、あるいは収縮した括約筋……肉体がそれ自身に触れるところ、そこに「魂」は散在している。「唇は自分自身に接触しているので魂を生みだすのだが、その魂を手に伝える術を心得ており、手はこぶしをにぎりしめることによって自分のかすかな魂を形づくり、すでに魂をそなえている唇に自分の魂をそっと移し与えることができる」。さまざまに移調される一般式の形成、そこにはじめて身体は生まれる。身体にとっては運動するということが本質的なことだ。

皮膚がそれ自身に接するところ、折り畳まれるところに「魂」があるというのは、たしかにとても魅力的な思考だ。「心」を見えない内面としてとらえたり、その奥底について考え及んだりするより、それを表面の効果として語ることで、「心」は見えるものになる。ひとの顔やふるまいやたたずまいを眼にすることで、そのひとが浸されている悲しみを知るのだから。

そしてこの合わされた皮膚のあいだ、折り畳まれた皮膚のあいだから、音が響いてくる。あたりまえのことだが、人間とは音を立てる存在なのだ。ただ、声にとって音を立てる喉と聴く耳がその特権的な場所であるのは、それが空気の振動をじかに多彩に、微細に仕分けて、音色というものを生みだしてゆくからであり、またその音源のすぐ近くに耳があるとは言える。しかしそういう事実においては、じつは他のそれと共鳴するというかたちで起こるということがさらに大きな意味をもっている。

律動

何かあらかじめ内面の声とでもいうべきものがあって(たとえば感情)、それが声として外に表出されるのではない。声ははじめから他者に向けて送られる。他者に届けるということが声のふるまいである。これもまたあたりまえのことだ。

だが、わたしが眼の前に見ている物は別のひとには同じように見えていないのにたいして、わたしが絞りだす声は他者にもじぶんにも聴こえる。たとえば語る者は、その語りを聴く者とおなじようにじぶんの語りを聴く。語る者も聴く者もおなじ音の風景に浸されている。たしかにテープに録音されたわたしの声はわたしが話しながら聴いているじぶんの声とちがって聴こえる。他人はそれをまぎれもないあなたの声だと言うから、自他のあいだで聴こえる声は異なっているのかもしれない。わたしはわたしの声を骨の振動をとおしてじかに聴いてもいるのであるから。しかしそれ以上に、わたしが話さずに聴くというところに、その声の差異は生まれているとも考えられる。わたしが語るとき、わたしはだれかに向かいながら、彼を見、ときにその反応に焦れて、からだを揺さぶりながら、あるいは彼を誘い込もうと宙で手を動かしながら、地団駄を踏みながら、そういうふるまいのひとつとして唸《うな》るように声をかけているのであって、じぶんの語る声をそれとして聴いているわけではない。声として発せられる身体の蠕動《ぜんどう》は、身体の他のさまざまな振動のなかに溶け込んでいて、そこから分離されてはいない。喉で、あるいは同時に差しだす腕で、その声を聴いているのかもしれない。いや、わたしがことばを選んで語りだしているというより、対面のその場から浮かんでは消えるだれのものでもないことばがわたしの声のなかで生成しているのかもしれない。口を伝って出てくることばは、多くのばあい、わたしに先んじている。泣くから悲しいのか、悲しいから泣くのか分からないところがあるのは、とくに不思議なことではない。

「文字が発明されるずっと以前に、さらには、洞窟画が描かれるずっと以前に、おそらく根本的に人間と動物とを区別する何事かが生じたのだ。それはリズムを意図的に繰り返すことである」。そう書くのは、『第三の意味』（沢崎浩平訳、みすず書房）のロラン・バルトだ。身体の振動が刻み目を入れられ、振動が数え分けられて、リズムが生まれる。喉が擦《こす》れて生まれる音の震えもリズムが刻まれる。歩くときにも、腕をぐるぐる回して準備運動をするときにも、リズムがおのずから生まれてくる。歩いているときに思わずハミングするときのように、これらは幾重にも反響しあっている。

このリズムがことばというものを生みだす。喉が絞りだす音に意味が住み着くようになるのだ。身体が奏でるリズムも信号となる。意味はおなじように対象のほうにも波及していって、葉ずれの音に神託さえ下りてくる。「自然は意味に身慄《みぶる》いして物音を立てるのだ。少なくとも、ヘーゲルの語るところによれば、古代ギリシャ人はそういうふうに自然を聴いたのだ」（バルト）。

声にふれる

喉から発せられる音も、そういう律動のなかに深く浸されている。が、その音は〈声〉として聴かれている。言うまでもなくその音はことばでもあるからだ。ことばという、無名の構造がわたしの音と他者の音とのあいだで起こる共鳴に挿し込まれているからだ。ことばはまるで身体を切開するかのように、この共鳴を打ち破る。わたしの発する音はことばに憑《つ》かれるや、音として純然と発するものではなくなる。痛いとき「痛い」と言わずに感情をそのまま声で表現しろと言われても、わたしたちはもうどうしていいのか分からない（そういえばかつて、意味を徹底して遠ざけた純粋音声詩という試みもあった）。ちょうど聴くことが動くことから分離したときに声を変形してしまったのと同じように、ことばは動くことから離脱して、ことばで織られた世界にひとの音声を拉致《らち》しつづけるのだ。

ことばと音の回転扉、それが〈声〉だ。声はことばとして意味（メッセージ）を載せるが、同時にそれ自身の肌理《きめ》をもっている。その肌理が意味とは別なかたちで他者にふれる。声はいつも二重奏（デュオ）をかなでてきたのだ。

だからことばの意味を聴きそびれることがあるように、声の肌理を聴きそびれることがある。声にふれてそれが意味するものへと、ミケル・デュフレンヌのことばを借りれば「あせって移行する」ために、じぶんがふれている声の肌理を見失ってしまうことがある。聴くことを飛び越してしまうのだ。聴いてはいるが、声は届かない。だからそれを取り返すために意味を重ねて求める。ちゃんと説明して、と。そしてことばにことばが重ねられるなかで、声が遠のいてゆく。

「《私のいうことを聴いて下さい》というのは、《私に触れて下さい、私が存在することを知って下さい》ということだ」――そうバルトは書く。声はわたしにふれてくる。ひとのからだをそっと愛撫し、そのなかへと沁み込んでゆく。が、それは心を攫《さら》いもする。語りの意味よりも深いところから、ひとの心を動かし、まとめるところがある。声は、ひとを拉致し、誘拐するものでもあるのだ。別れの儀式のときのしみじみとした語り、競技や政治運動における応援と連帯の絶叫、祖国の存亡がかかった状況での悲痛な意志確認、あるいは耳元で巧みにささやきかける誘惑のことば、ひとをいわば動物的に脅かす命令……。

ところで、聴き取りというのは、相手と文字どおり呼吸を合わせることからはじまると、ケアの現場で聞いたことがある。精神分析医から聞いたこともある。ナースは、声を聴くために、患者の瞳をじっと見つめ、知らないあいだに布団に手を当てている。声の肌理を聴くためには、「あなた」にふれるためには、ことばをもういちど身体の振動にまで連れ戻さなければならない。

そのためにはさらに、その振動に同調できるところまでじぶんの身体のこわばりを解かねばならない。じぶんのものではないことばをその肌理ごと迎え入れるために。

迎え入れられないときのいらだちを、バルトは歌曲に託してこんなふうに表現している。

「肺というのは間の抜けた器官だ。(中略)ふくらむが、勃起しない。意味形成性が炸裂し、魂ではなく、悦楽を出現させるのは、喉、すなわち、音声の金属が硬化し、輪郭が形づくられる場所においてであり、顔面においてである。フィッシャー=ディスカウにおいては、私には肺しか聞えず、決して、舌、声門、歯、口内壁、鼻は聞えないように思う」と。

ヨーロッパ人は《理性》の核心のすがたを聴くことのなかに見いだしていた。ドイツ語の理性（Vernunft）は聴き取る（vernehmen）ことに由来し、フランス語の悟性（entendement）も聴く（entendre）ことに由来する。が、それはひとを「勃起」させもする。認識は愛によって支えられているという古来の思想は、聴くことの生まれるそういう瞬間にふれていたのかもしれない。

文庫版あとがき

鷲田清一

いまは亡き河合隼雄先生と膝をつき合わせてお話しできるようになったのは、最後の七、八年ほどのあいだのことだ。親しくお話しさせていただくようになって、それ以前に妄想していた「怪物」というイメージが、かき消されるどころかいっそう生々しいものとなった。

河合先生はいつも肩の力を抜き、飄々としておられた。それになにより駄洒落の名人である。はじめのうちはその駄洒落にちらっと対抗心も芽生えはしたが、一時間もしないうちにそれも失せた。勝負にならないのであった。で、本題に入ると、どんな些細なエピソードにも「ほう」と応じてくださり、ときに連続ジャブを入れつつにっこりとされるのに、話がある主題にさしかかると、ふとことばが途切れ、先生がその場から消えてしまわれ、ひとり置いてきぼりをくったような思いにとらわれて、呆然とした。

ことばが途切れるそのときというのは、二様であった。

あるときは、なにか獲物を見つけたような面持ちで会話からすっと遠ざかり、頭の中を高速回転させておられるような様子だった。未知のアイディアを、わたしなどにはとても追いつけないような速度で追いかけておられる、あるいはたぐり寄せておられる、そんな気配に圧倒された。

別のあるときも、それまでの丁々発止が嘘のように、突然黙り込まれた。「臨床」ということばに「学」ということばが近づいてきたときだ。この二つのあいだの関係が話題になると、先生はいつも俯き、そして凄みのある表情をされた。あたりの空気が氷結するかのようにおもわれた。固まりかけた空気をほぐすにこやかな名人が、一瞬、戦争の前線でじぶんの塹壕に立て籠られたかのようだった。

ともにとても不思議な瞬間だった。突然、方向の分からぬ十字路に立たされたかのような、あるいは、だだっ広い中空のなかで足場を失ったかのような、そんな眩暈のような感覚にくらくらした。

河合先生と向かいあったときの感触というのは、わたしにとって、ときにどでかい岩盤のようであり、ときにうぶ毛でできた森のようであり、ときにどろっとした緑の淵のようであった。わたしのわるい癖で、つい話をまとめようとする。するとかならず先生は、鍋のなかの湯が煮立つときのように、大きな対流を起こして話をかき混ぜられる。もっと未分化なままでいろと諭すかのように。そして固まりかけているわたしによりも、その前の困惑や迷いのほうにより深く共振してくださる。そしてわたしはまた不安になる。おのれが不明になることの歓びにもっと浸れと誘惑されたみたいに。

河合先生はある書簡のなかで、こう書いておられる。──「相談に来られる人は、それなりの『秩序』つまり人生観をもっている。それを『カキマゼ』て、そこに新しいものが生まれてくるのを助けるのが、われわれ心理療法家の役割と言える。ただ面白いのは、われわれは自らの力によってカキマゼルのではなく、『待つ』ことによって、カキマゼが自然に生まれるのに頼る形をとる」。

ともに解釈しているつもりが、じつは診療されていたのか……。これこそがわたしにとって、先生のばあいとは異なる意味で、「臨床」と「学」が接着しはじめる瞬間だった。そのような関係をわたしはそれまで「先生」と呼ばれるひとともったことがなかった。戦慄のような感覚がわたしのからだのなかを走りはじめたそのときに、先生はほんとうに逝ってしまわれた。わたしはぽつんとひとり、残された。

解説

鎌田　實

臨床心理学と臨床哲学のそれぞれの雄ががっぷり四つに組んで、「臨床とことば」について横綱相撲を見せる。立ち合いは激しい。西の正横綱の鷲田清一が、ぐっと東の正横綱・河合隼雄を土俵際へ追い込んだかと思うと、河合隼雄はすっと身をかわして、土俵伝いをうまく回り込み、再び土俵の中央に戻る。なんとも見ごたえのある取り組みである。

そうだ、そうなんだ、と納得し、感動しながら読んでいる僕は、臨床医である。同じ「臨床」がつくが、「臨床心理学」や「臨床哲学」のように「学」がつかない。

臨床医学ということばもあるが僕には似合わない。「学」のない田舎の臨床医になりきっている。しかし、ことばは大事にしてきた。「学」がないので、なんとなく、これまで患者と接するときに心がけてきた多くのことを、あらためて二人の横綱に解明してもらったような気がした。いい本にあえたと感謝している。

ことばについて展開しながら、人と人の「間にあるもの」について語っている。人と人の間の距離についても語られる。ちょっとしたことばづかいで、その距離が縮まったり、離れたりすることを、具体的にわかりやすく示してくれた。人と人の間のことばは、意味を伝えるだけと限らない。声によって伝わる皮膚感覚といった感覚的なコミュニケーションによって、魂がふれあうこともある。ほんのひと言が決定的な亀裂をうんだり、あたたかな声のトーンがお互いの距離を縮めたりする。そうだ、そうだと思った。

鷲田清一が「人間というのは、いい加減というのが大事ですよね」と語る。「何かあったとき、それと突っ張らずに一体化したら、ものすごく危ないんですよね。たとえば人間には、憎いけれども好きだとか、アンビバレントな矛盾した感情があることが、ある意味で人間のリアルな感覚の根本にあると思うんですよ」

それに対して、河合隼雄は、「調和の感覚というか、そういうのを鍛えて各人が持つべきではないか、と思います。だから、教条的な教養とでも言うか、それにしたがって生きているのではなくて、自分の持っている調和感覚を鍛えに鍛えて生きていかないと」と応える。『いいかげんがいい』（集英社）というタイトルで本を出している僕は、すごく納得してしまった。加減がいいというのは、河合の言う調和感覚に近いと思った。鷲田が言う「憎いけれども好き」も加減の問題なのだと、自分の中で合点した。

医療や介護におけるケアにおいて、全体をみるということはとても大事である。特に地域医療において、患者の背景にある人生や家族や地域といったものを切り離して考えることは不可能だ。

近代医学は、臓器別に専門分化して発展してきた。その方法論は医学を格段に進歩させた。だが、河合は、「近代医学の方法を看護に使うのはおかしい。わかりやすい言い方をすれば、人間関係を入れないということで近代医学は成立するわけでしょう。関係を切って現象を見ているから、普遍性が出てくる。しかし看護であれ何であれ、僕らは関係の中で生きてるわけですから、人間関係を根本にして考えるというところで、臨床の価値が出てくると思っているんですけどね」と語る。

河合のこのことばを読みながら、ある大学の心理学の准教授のことばを思い出した。その准教授は、カマタの医療を「公私混同する医療」と考察した。ほめことばらしい。妙に納得できた。

『がんばらない』（集英社）に書いた話にこんな話がある。若い医者がある患者さんのお宅に、深夜往診に行く。臨終のときが近づいているのがわかった。一度、病院に帰ろうか迷ったが、帰ってもすぐに戻ってこないといけないと思い、患者さんの隣室で待機していると、昼間の疲れが出て居眠りをしてしまった。患者は一晩を生きぬいた。まだがんばっている。若い医師はご家族から起こされた。朝になっていた。朝食が用意されていた。若い医師は、その朝食をご馳走になり、その足で病院に戻った。こういう医師の行為を、効率が悪いとか、食事をご馳走になるなんてルール違反だなんてカマタは思わない。院長のカマタは、うれしそうなまなざしで見る。それを准教授は「公私混同する医療」と、ちょっと皮肉っぽいことばで表現した。

そうなんだ。この話を若い医師から報告されたとき、僕は勝手に想像した。「ご家族はうれしかっただろう。うちのじいちゃんが亡くなるとき、病院の先生が一晩つきっきりでいてくれた。実際はうたたねしていたのだが。いいのだ。昔、芸者をあげるというぜいたくな遊び方があった。田舎には医者をあげるということばが残っていた。ぜいたくな行為である。自分たちの肉親の看とりに最高のぜいたくをしてあげた。医者をあげて泊ってもらった。うちの朝ごはんも食べていってくれた。うれしくって、きっと村中に話すだろうな」

これは「距離」の問題であることが、この本を読んでわかった。公私混同するカマタは、患者さんのご家族にかなり近いところにすり寄っている。同時に河合のいう「関係の中で生きている存在」を意識していることがわかってきた。亡くなろうとしているじいちゃんの臓器だけを診るのではなく、丸ごとのじいちゃんを診るのは当たり前。そのうえ、じいちゃんを支えている家族や地域を視野に入れようとしていることに気がついた。「臨床」の両横綱のおかげでたくさんのことに気付かされた。

確かに僕は、臓器を診ていく近代医学の手法にこだわっていない。人間の関係という形で医療をみようとしてきた。

一九世紀の後半から二〇世紀前半にかけて、イタリアで自由論を展開したクローチェという思想家がいた。ファシズムと闘いながら、当時のアカデミズムとも闘い、専門分化傾向に抵抗して知的統合を果たそうとした。クローチェは権力闘争としてのファシズム批判ではなく、むしろ自由を認めようとしないファシズムに対して抵抗した。クローチェは、もし、自由主義が自由を束縛するのであれば、自由主義とも闘ったであろう。僕はクローチェのいう自由とか、統合にこだわってきた。この自由と統合も、「距離」の問題であることに気がついた。

二人の対談には、納得するところがいっぱいある。なかでも、人と人の距離感の話は興味深い。密着しすぎないが、離れすぎない。距離を上手にとることが医師と患者の関係だけでなく、日常の人間関係にも大切なのだと気がついた。

一人の人間にはさまざまな背景があるが、その人の内部にだって、いくつもの顔がある。かつてははっきりとした成人儀礼があった社会は、成人儀礼によって大人になると、もう子どもには戻れなかった。だが、現代はそれがない。五〇歳になっても、一五歳の少年がいるし、一五歳の少年にも八〇歳の老人の顔がある。それが許される現代は、自由度の高い社会だが、自由であるがゆえに生きにくさもある。

鷲田は、朝日新聞のデータを用い、「殺人事件を起こしたいちばん多い年齢が四九歳、二位が四七歳、三位が四八歳、四位が四五歳」と興味深いことを述べている。

その時期、人間に何が起こるのか。河合は、「第二の思春期」「思秋期という言い方もあります」と言う。

　鷲田は言う。

「どうも四九歳というのは『これ以外は無理なんだと諦める前に、もう一回だけ最後の駄々をこねる』。それが人によっては蒸発になったり、人によっては突然の退職になったり、人によっては殺人と。私は、この最後の駄々を『ネオダダイズム』とか『ラスト・ダダ』と名づけたんです」

おもしろいなあ。ああ、そうかと思った。僕も四八歳のときに、パニック障害になった。見栄っ張りの僕は三〇代で院長になって、いい医療を展開しようと無理をした。あたたかくてやさしい病院づくりをしながら、経営も黒字で、なおかつ職員も生き生きと働くことができ、地域の人たちも感謝をしてくれる。そんな病院をつくるために綱渡りをしていた。心臓がバクバクするパニック発作に見舞われた。幸い殺人事件も起こさなかったし、自殺も試みなかったが、鷲田が言うネオダダイズムにはまっていたということがよくわかった。その後、パニック発作は起こっていないが、駄々はこねつづけているような気がしないでもない。カマタの場合は四八歳で、「ラスト・ダダ」にはならなかったらしい。

医療や介護の現場では、人と人の関係性を無視することはできない。それは、ただ患者さんから出てくることばを聴くというシンプルな行為からはじまる。それによって、患者さんは自分が完全に理解されたとは思わないが、自分に関心をもってもらったということが、患者さんを変えていく。

ケアの現場では、ケアする側が一方的に「何かをしてあげる」ことが目立つ。だが、ケアされる側も、人に関心をもち、自ら何かをすることが、実は大事なのだ。寝たきり老人のベッドの上で居眠りをする看護師の、鷲田の話は実は何度も聞いたり、読んだりしているが、笑ってしまった。いつも受身だったその老人が、実は若い看護師の居眠りを許し、だれかに見つかって叱られないように見張り出す。世話されるだけの存在だった寝たきり老人が、自分が役に立っている存在だということに目覚める。支えたり、支えられたり、教えたり、教えられたりの中に臨床の本質がみえてくる。

河合は、養護施設の子どもがみんな同じノートをもらうと、大事にしないが、お金をもらい、自分で選んで買ったノートは大事にするという話をしている。とてもよくわかる。

諏訪中央病院の隣に「やすらぎの丘」という老人保健施設がある。僕は施設長をしている。ここではもう何年も前から、「店屋物の日」というのをもうけている。お年寄りに、好きな店屋物を頼んでもらうのだ。○○軒のラーメン、△△屋のすし、☆☆庵の日本そば。いくつかの店に頼み込んで、同じような時間に出前をしてもらう。この日は、スタッフがお年寄りに注文を聞くときから、施設中が大騒ぎ。明るく沸きかえっている。

「ともかく全員が同じ物をあてがわれるということほど、人間をだめにする方法はないんじゃないでしょうかね。だから、これは『魂を殺す』のにいちばんいい方法だと僕は思います」と河合は述べる。納得、納得。鷲田も「アウシュビッツはそれをやったわけですからね。いちばんギリギリの物で、同じ物で……」と合いの手を入れる。

本の中に、三木成夫の『胎児の世界』の話が出てくる。三木成夫は、僕が学んだ東京医科歯科大学の発生学の当時助教授であった。三八億年の生命進化の足跡を、胎児がお母さんのおなかの中で成長する十月十日の中に見ることができるという、独創的な研究をした人だった。僕は、この人との出会いを軸に「我々はどこから来たのか」というテーマで、本を今、執筆中である。

鷲田は、「あらゆる生き物の進化の中で人間になってはじめて色気と食い気がごちゃ混ぜになってしまった」という三木先生の指摘に注目する。生き物は、自分が生き抜くための食の時期と、自分の種を残すための生殖の時期があるが、多くの動物がその時期が分かれているのに、人間はどちらもごちゃ混ぜになっているという。

その食とセックスのタブーというのがおもしろい。「自分でもないけど他人でもない、家族みたいなもの、つまりペットは絶対に食べない。(中略)人間が食べているものというのは、自分でも、野獣というまったくの他者でもなければ、ペットでもない。里にいる近隣の生き物なんです」と鷲田はいい、食べる相手との距離感は、セックスの相手との距離感とも共通するという。「食」と「性」のタブーが共通している。なるほどと思った。

そして、鷲田はこう問う。

「食と性というのをまたがるような何か、知恵みたいなもの、つまり本能が、われわれは壊れてしまっているのでは……」

人は、人との間に何を感じ、何を見出すのか。人間とは何か、本質的で深遠な問いを問いかけながら、もう一度、医療や介護の現場にあることばについて考え直してみたいと思った。

鷲田清一さんとは、数年前、ある雑誌で、二回ほどケアの本質について哲学的な議論をした。その後、NHKラジオ「鎌田實　いのちの対話」にご出演いただいた。河合隼雄さんには、ご出演の約束をいただいたが、突然の病気のため叶わなかった。

臨床哲学と臨床心理学という二人の横綱の名勝負は、リズムよく、わかりやすく、ときに詩的で、感動的であった。前頭三枚目ぐらいをウロウロする「学」のない、ただの臨床医の僕は、ただただ圧倒され、感動させられっぱなしであった。

いまは、二人の対談がもう二度と叶わないことを寂しく思う。

（かまた　みのる　医師・作家）

臨床《りんしよう》とことば　朝日文庫

2010年４月30日　第１刷発行
2022年５月30日　第５刷発行

著　者　河合隼雄《かわいはやお》・鷲田清一《わしだきよかず》

発 行 者　三 宮 博 信
発 行 所　朝日新聞出版
〒104-8011　東京都中央区築地5-3-2
電話　03-5541-8832（編集）
03-5540-7793（販売）

印刷製本　大日本印刷株式会社

ISBN978-4-02-261662-3